Jaque Mate

Otras obras del autor en español

¡Bienvenidos a bordo!, ¿Hay algún autor en la sala?, ¿Hay algún critico en la sala?, 13 y Martes, A corazón abierto, Amores a Ciegas, Apenas un instante antes del fin del mundo, Aviso de paso, Bar Manolo, Batas blancas y humor negro, Bien está lo que mal empieza, Breves del Tiempo Perdido, Cama y Desayuno, Cara o Cruz, Crash Zone, Crisis y Castigo, Cuarentena, Cuatro Estrellas, Cuidado frágil, Denominación de Origen no Controlada, Después de nosotros el diluvio, El cuco, El infierno son los vecinos, El Joker, El olor del dinero, El pueblo más cutre de España, El Rey de los Idiotas, El Último Cartucho, El yerno ideal, Ella y El, Monólogo Interactivo, Encuentro en el andén, Escenas callejeras, EuroStar, Flagrante delirio, Foto de Familia, Había una vez un barco chiquitito, Jaque Mate, La función no está cancelada, La ventana de enfrente, Los Náufragos del Costa Mucho, Milagro en el Convento de Santa María-Juana, Muertos de la Risa, Ni siquiera muerto, Nochevieja en la morgue, Plagio, Por debajo de la mesa, Prehistorias grotescas, Preliminares, Pronóstico Reservado, Sin flores ni coronas, Strip Póker, Un ataúd para Dos, Un matrimonio de cada dos, Un pequeño asesinato sin consecuencias, Zona de Turbulencias.

JEAN-PIERRE MARTINEZ

Jaque Mate

La Comédiathèque
comediatheque.net

PERSONAJES

El rey

La reina

La princesa

El líder de la oposición

La ministra

El general

El mayordomo

La criada

La ministra, el general, el mayordomo y la Criada pueden ser personajes masculinos o femeninos sin necesidad de adaptar los diálogos o con cambios menores.

© La Comédiathèque
ISBN 978-2-38602-080-3

ACTO 1

Salón del trono. La acción se desarrolla en un país y en una época indeterminada. El rey está sentado en su trono, con una corona en la cabeza. Lee un periódico que titula sobre la crisis que afecta al país y la revuelta que se avecina en su reino: el pueblo tiene hambre, exige reformas. El rey dobla el periódico y lo arroja sobre una mesa baja, donde ya hay una bandeja de desayuno.

Rey – Después de todo lo que he hecho por ellos... Qué ingratitud... (*Suspirando*) Al final terminarán con mi vida... (*Recomponiéndose*) Pero no los dejaré hacerlo...

Agita una campana con un mango. Nadie viene. Impaciente, agita la campana con más fuerza. Aparece su mayordomo.

Mayordomo – Vuestra Alteza me ha llamado. ¿En qué puedo serle útil?

Rey – Traiga una cuerda.

Mayordomo – ¿Una cuerda?

Rey – Sí, una cuerda. ¿No sabe qué es una cuerda?

Mayordomo – ¿Qué tipo de cuerda, Vuestra Alteza?

Rey – Digamos... una cuerda lo suficientemente resistente para soportar el peso de un hombre.

Mayordomo – Entiendo a qué se refiere... Traeré eso de inmediato, Su Majestad...

El mayordomo sale, un poco preocupado. Entra la criada.

Criada – Perdón, Vuestra Alteza, ¿puedo retirar los restos de su desayuno?

Rey – Por supuesto, adelante... De hecho, tendré que subir a esta mesa más tarde para ahorcarme.

Sin inmutarse, la criada toma la bandeja de la mesa baja.

Criada – Lamento ver que Vuestra Alteza apenas ha comido... ¿Algo le desagradó?

Rey – Qué quieres que te diga, mi pequeña, la vida está mal repartida. Los pobres tienen hambre y los ricos carecen de apetito...

Criada – ¿Desea Vuestra Alteza algo más?

En lugar de responder, le dirige una mirada un tanto extraña.

Rey – ¿Puedo hacerte una pregunta?

Criada (*a la defensiva*) – Estoy a su servicio, Su Majestad...

Rey – ¿Me amas?

Criada – ¿Si le amo?

Rey – No, no me refiero a... amar como una mujer puede amar a un hombre.

Criada – Ah, no...

Rey – Además, ya hemos estado juntos en la cama, ¿verdad?

Criada – No lo recuerdo, Vuestra Alteza...

Rey – ¿No lo recuerdas?

Criada – Bueno sí pero... En realidad, no...

Rey – ¿Qué quieres decir con "sí pero no"?

Criada – Lo que quiero decir es que no creo que Su Majestad y yo...

Rey – ¿Nunca he estado contigo en la cama?

Criada – No, Su Alteza.

Rey – ¿Estás segura?

Criada – Creo que lo recordaría.

Rey – Tienes razón. Debo confundirte con la otra...

Criada – ¿La otra?

Rey – La otra criada.

Criada – Su Majestad solo tiene una criada... Al menos, solo una asignada a su servicio personal.

Rey – ¿En serio?

Criada – Y también solo un mayordomo.

Rey – Es curioso... ¿Y por qué eso?

Criada – Supongo que para limitar el riesgo de ser asesinado...

Rey – Es cierto, tienes razón... En ese caso, debo confundirte con la criada que estaba aquí antes que tú.

Criada – ¿Antes que yo?

Rey – Sí, antes que tú. ¿Cuánto tiempo llevas a mi servicio?

Criada – Diez años, Su Alteza.

Rey – ¡Diez años! Vaya... Entonces no sé... Debo estar confundiendo con mi esposa.

Criada – Seguramente, Su Alteza.

Rey – No, lo que quería preguntarte es si te agrado.

Criada – ¿Si me grada?

Rey – ¿Si te caigo bien? Como persona...

Criada – Como persona...?

Rey – ¡Como rey, entonces! Se supone que todos deben amar a su rey, ¿no?

Criada – Pero por supuesto, Su Alteza...

Rey – ¿Y bien?

Criada – Es decir... usted hizo ejecutar a mis dos primeros esposos.

Rey – Vaya... Eso es curioso, tampoco lo recordaba... ¿Y por qué habría hecho algo así?

Criada – Los acusó de espionaje, pero...

Rey – ¿Pero...?

Criada – Creo que en realidad fue porque les ganaban en el ajedrez...

El rey parece un poco desconcertado.

Rey – Ya veo... Bueno, toma esta bandeja y lárgate de aquí.

Criada – ¿Debo llevar también el periódico, Su Majestad?

Rey – Sí, sí, quítame todo esto. Y quema esta panfleto...

La criada toma el periódico y echa un vistazo a los titulares.

Criada – Ah sí... Al parecer... la cosa está que arda.

Rey – ¡Salga de aquí!

La criada se va. El mayordomo regresa con una cuerda con un nudo corredizo.

Mayordomo – Aquí está la cuerda de Su Majestad. Me he tomado la libertad de hacer un nudo corredizo. Mi padre me enseñó a hacer todo tipo de nudos cuando era niño. Era marinero...

Rey – El mío era carnicero. Se ahorcó en un gancho en su cámara frigorífica...

Mayordomo – Entiendo... ¿Prefiere Su Majestad que le traiga un gancho de carnicero? Para respetar la tradición familiar...

Rey – Puede retirarse. Y no quiero ser molestado más.

Mayordomo – Muy bien, Su Majestad.

El mayordomo se retira con una expresión perpleja. El rey toma la cuerda. Echa un vistazo al techo y luego sube a la mesa baja sosteniendo la cuerda en la mano, buscando claramente un lugar donde colgarla. Pero la mesa es demasiado baja. Su ministra llega y observa la escena por un momento sin que el rey la note.

Ministra – Mis respetos, Su Majestad.

El rey se sobresalta y casi se cae de la mesa.

Rey – Me ha asustado, idiota... Casi me caigo...

Ministra – Ruego que Su Majestad me disculpe.

Rey – Romperse el cuello al caer de la mesa a la que subiste con la intención de ahorcarte... Reconozca que sería una muerte estúpida.

Ministra – Estoy de acuerdo, Su Alteza.

Rey – ¿Qué hace aquí? Le pedí a todos que no me molestaran.

La ministra observa con intriga al rey, parado en la mesa baja, con la cuerda en la mano para ahorcarse.

Ministra – Dios mío... Pasaba a preguntar por Su Majestad... No parece estar muy bien hoy.

Rey – Usted es realmente psicóloga, lo sabía cuando la elegí como ministra y consejera.

Ministra – ¿Qué le sucede, Su Alteza?

Rey – ¿Qué me sucede? ¿Acaso no lee los periódicos?

Ministra – Solo los que son impresos por nuestro Ministerio de la Propaganda, Su Majestad. Los demás están destinados a desmoralizar a la población.

Rey – Bueno, justamente. Desde hace algún tiempo, lo que leo en la prensa independiente me desmoraliza.

Ministra – No hay que verlo todo en negro, Su Alteza. Siempre hay una luz al final del túnel.

Rey – Sí, dicen que cuando uno está muerto, eso es lo que ve: una luz al final de un túnel.

Ministra – Si Su Majestad desea confiarse en mí, seré su confesora... Puede contar con mi discreción. Seré muda como una tumba.

El rey se derrumba en su trono.

Rey – Hasta ahora, sin embargo, todo me había salido bien. Me elegí presidente cuatro veces...

Ministra – Al cambiar la constitución cada vez para hacerlo constitucional.

Rey – Cuando ya no fue posible, me hice elegir presidente de por vida.

Ministra – Y para que su hija pueda sucederle algún día en el trono, finalmente restableció la monarquía.

Rey – Yo mismo coloqué esa corona en mi cabeza.

Ministra – Como Napoleón.

Rey – Debo admitir que la corona fue un sueño de infancia. Convertir a mi esposa en reina y a mi hija en princesa... ¿Quién no ha acariciado alguna vez esa idea?

Ministra – Pudo hacer realidad ese sueño.

Rey – Y sé que para eso pude contar con sus sabios consejos, con la lealtad de nuestro ejército y con la persuasión de nuestra policía secreta.

Ministra – Entonces, ¿por qué este humor sombrío?

Rey – Nada va bien, usted lo sabe. No es necesario leer la prensa para darse cuenta. Basta con escuchar los rumores de la calle. Se oyen desde el palacio. ¡El pueblo se manifiesta bajo mis ventanas!

Ministra – El pueblo... Es un largo río tranquilo que a veces se desborda de su cauce.

Rey – Si no tenemos cuidado, estos desbordamientos podrían llevarse nuestro palacio.

Ministra Siempre se puede canalizar un río desbordado. ¿Quiere que ordene a las tropas actuar?

Rey – Me temo que eso ya no será suficiente. El país está al borde del abismo. El pueblo no tiene qué comer. Cuando el miedo a morir de hambre hace olvidar el miedo al policía, es la revuelta. Y cuando la ira del pueblo se dirige hacia la persona del rey, es la revolución.

Ministra – Entonces, ¿qué podemos hacer?

Rey – Usted es mi ministra, pensé que era su deber decírmelo...

La ministra se sienta también.

Ministra – Tiene razón... El pueblo exige elecciones libres, y no podremos negárselas por mucho más tiempo.

Rey – Me pregunto si hicimos bien al tolerar a estos opositores.

Ministra – Teníamos que mostrar una apariencia de democracia para preservar nuestra imagen ante los organismos internacionales. El mundo nos está observando... y Europa nos subvenciona.

Rey – ¡Pero nuestro pueblo nos odia! Si aceptamos elecciones libres, el veredicto será contundente. ¡Será el fin de la monarquía! Y probablemente el fin para nosotros también...

Ministra – Sí... a menos que logremos hacer elegir a un títere...

Rey – ¿Un títere?

Ministra – Un hombre... o una mujer. Un candidato que presentaríamos como independiente, pero que estaría completamente dedicado a usted. La monarquía se mantendría como en muchos países de Europa. El Primer Ministro sería una persona del círculo íntimo. Y usted seguiría moviendo los hilos detrás de bambalinas...

Rey – Será necesario otra nueva constitución... ¿En cuántas estamos desde mi primera elección?

Ministra – Ocho, si no me equivoco. Esta sería la novena.

Rey – Y me imagino que usted se ve en ese papel de mujer providencial... por no decir presidencial, ¿verdad?

Ministra – Estoy a disposición de su Majestad. Pero si es necesario, podríamos encontrar un candidato más creíble...

Rey – Ya no lo creo... Esta vez el pueblo no nos seguirá. A pesar de todas nuestras maquinaciones para manipular las elecciones, acabaré linchado, como un vulgar dictador.

Ministra – Es una posibilidad, desafortunadamente...

Rey – Gracias por su apoyo... Me anima mucho... No, preferiría acabar en grande.

Ministra – ¿En grande? ¿Colgado del candelabro en la sala del trono?

Rey – Si tengo que colgarme, prefiero tener el control sobre la hora y el lugar...

Ministra – Recupérese, su Alteza. Mucha gente todavía cuenta con usted, y usted puede contar con ellos.

Rey – Más bien diría que usted tiene miedo de sufrir el mismo destino que yo.

Ministra – Quizás tengo una solución, espere un poco antes de colgarse.

Rey – Nunca pensé que escucharía esa frase de mi consejera más leal...

Ministra – El juego del poder es como un juego de ajedrez, su Majestad. Y en el ajedrez, el rey es la única pieza que no puede suicidarse.

Rey – Pero el jugador puede abandonar la partida si siente que no hay esperanza.

Ministra – Usted es el rey. Permítame llevar el juego. Volveré pronto y le presentaré una estrategia que, estoy segura, lo sorprenderá...

Rey – Tengo muchas ganas de conocerla...

Ministra – Hasta pronto, su Alteza.

La ministra sale, dejando al rey más que perplejo. Él toma de nuevo la cuerda y la mira, indeciso. La reina llega como un torbellino.

Reina – Estoy terriblemente retrasada. ¿No habrás visto a la criada, por casualidad?

Rey – Estaba aquí hace un momento. Le dije que no quería ser molestado...

Reina – ¡Exactamente lo que estaba diciendo! Cuando uno quiere hacer la siesta, tiene que tenerla encima, pero cuando realmente la necesita...

Rey – Encima...

Reina – Tenerla encima, sí, es una expresión popular para decir que... es molesta.

Rey – Ah sí... Porque tenerla encima cuando estoy haciendo la siesta...

Reina – No te ves bien, querido... Es lo que estaba diciendo, sería mejor que fueras a hacer la siesta...

Rey – Justamente, todavía dudo entre la siesta y el sueño eterno.

La reina ve la cuerda.

Reina – ¿Qué es esto?

Rey – Una cuerda.

Reina – Hablando de cuerdas, estaba pensando en ir de compras a Londres esta tarde. ¿No necesitas el jet?

Rey – No, no tengo intención de usar el jet hoy... Pero, ¿qué tiene que ver eso con una cuerda?

Reina – Nada... ¿Por qué?

Rey – Dijiste... hablando de cuerdas, estaba pensando en ir de compras a Londres.

Reina – ¡Pero es una expresión común, cariño! Una expresión hecha. Una frase que no significa nada, pero que permite hacer una transición en la conversación. Cuando decimos hablando de cuerdas... o hablando de cualquier cosa, lo que sigue no tiene que tener relación con lo anterior. Es solo para justificar ir del pollo al burro.

Rey – Querrás decir "ir del gallo al burro", supongo.

Reina – Realmente has decidido molestarme hoy... ¿No crees que ya estoy bastante irritada como para eso? Y además, ¿cómo hemos llegado a hablar de cuerdas, por cierto?

Rey – Tienes razón, nunca se debe hablar de la soga en casa del ahorcado.

Reina – ¿Alguien se ha ahorcado alguna vez en este palacio?

Rey – No, todavía no.

Reina – Entonces puedo tomar el jet.

Rey – Claro.

Reina – Es el Viernes Negro hoy, ¿entiendes?

Rey – Ah sí... Black Friday...

Reina – Todo se ha vuelto tan caro ahora. Especialmente con nuestra moneda que no deja de devaluarse. ¿Ves en qué situación me encuentro? Haciendo las rebajas como una vulgar criada... Hablando de criada, si la ves, ¿puedes enviarla hacia mí?

Rey – No dejaré de hacerlo.

Reina – Sí, porque ya que estamos, la llevaré conmigo.

Rey – ¿Para que ella también haga las rebajas?

Reina – ¡Para llevar las bolsas! ¿No la necesitabas tú, al menos?

Rey – No, no...

Reina – En ese caso, debo dejarte... Me voy en una hora y ni siquiera estoy maquillada. ¡Nos vemos esta noche!

Rey – Claro... Hasta esta noche, cariño...

La reina sale, dejando al rey atónito. Se escucha el bullicio popular en el exterior. El rey agita de nuevo su campana. El mayordomo regresa.

Mayordomo – ¿En qué puedo servirle, Majestad?

Rey – ¿Escuchas esos gritos afuera?

Mayordomo (*incómodo*) – No, Majestad...

Rey – Si no los escuchas, es porque eres sordo... ¿Eres sordo?

Mayordomo – No, su Alteza.

Rey – Entonces, escuchas esos gritos, como yo. Pero tienes miedo de ser ejecutado si me dices que los escuchas... ¿Tienes miedo de ser ejecutado?

Mayordomo – Dios mío... Sí, por supuesto, su Majestad... Como todos...

Rey – ¿Como todos?

Mayordomo – Me expresé mal, su Alteza...

Rey – Me puedes decir todo, ya sabes. Te lo pido. Lo exijo. Escucho sus gritos, pero no distingo sus palabras. ¿Qué dicen?

Mayordomo – Es cierto, yo... Creo que ahora escucho algo vagamente. Pero le aseguro que no puedo entender una palabra de esos gritos...

Rey – ¡Gritan "muerte al tirano"! ¡Eso es lo que gritan!

Mayordomo – Ah sí, tal vez... Ahora que me lo dices...

El rey suspira de cansancio y se derrumba en su trono.

Rey – Hubiera deseado tanto que me amaran por lo que soy.

Mayordomo – Pero su Alteza... usted es un tirano.

Rey – No siempre lo fui, ya sabes... Cuando fui elegido por primera vez, de manera perfectamente democrática, la gente también gritaba en la calle. Pero era para recordarme todas las esperanzas que habían depositado en mí. Y para gritarme su amor. ¿Recuerdas?

Mayordomo – La verdad, no, su Alteza...

Rey – Era joven. Ellos también. Sinceramente deseaba su felicidad, te lo aseguro. Y luego, poco a poco, la corrupción se instaló, como el gusano en la fruta. El poder corrompe, el poder absoluto corrompe absolutamente. ¿Sabes quién lo dijo?

Mayordomo – Creo que fue Maquiavelo, su Alteza.

Rey – La esperanza se convirtió en decepción, la decepción en resignación, la resignación en desesperación, la desesperación en ira y la ira en odio... ¿Cómo recuperar el corazón de una amante a la que has decepcionado y que solo has logrado mantener a través de la fuerza? ¿Cómo conservar a una mujer que te odia?

Mayordomo – ¿Cómo conservarla? No lo sé, su Majestad. Aparte de tenerla congelada en una cámara frigorífica, quizás...

Rey – La gente que marcha hoy para pedir mi muerte es tan joven como aquellos que celebraban mi victoria ayer. Soy yo quien ha envejecido... Estoy podrido por dentro... ¿No hueles este olor a podrido?

Mayordomo – Lo siento, su Alteza. Tengo un poco la nariz congestionada desde hace algunos días. He perdido el sentido del olfato. No sé qué es. Debe ser un virus.

Rey – Por cierto, tienes mocos en la nariz. Es un espectáculo absolutamente lamentable, te lo aseguro.

Mayordomo – Lo lamento, su Majestad. **Si** su Alteza ya no me necesita.

Rey – Adelante, puedes retirarte.

Mayordomo – ¿Debo llevarme la cuerda, o su Majestad tiene planes de usarla más tarde en la noche?

Rey – Puedes llevártela...

Mayordomo – Muy bien, su Majestad.

El mayordomo toma la cuerda a regañadientes y sale. La princesa llega.

Princesa – Buenos días, padre.

Rey – Buenos días, hija mía.

Princesa – Acabo de cruzarme con el mayordomo... No sé a quién pretende pasar la cuerda alrededor del cuello...

Rey – Tal vez a la criada... Siempre están peleando.

Princesa – ¿El mayordomo se va a casar con la criada?

Rey – No lo sé, ¿por qué piensas que se van a casar?

Princesa – Dijiste que el mayordomo le iba a pasar la cuerda alrededor del cuello a la criada.

Rey – ¿Y qué?

Princesa – Es una expresión, ¿no la conoces? Pasar la cuerda alrededor del cuello... Significa casarse con alguien.

Rey – No lo sabía...

Princesa – Es una expresión popular en nuestro país.

Rey – Lamentablemente, ya no sé cómo habla el pueblo...

Princesa – Sin embargo, usted también es hijo del pueblo.

Rey – Es cierto. Mi padre era carnicero, mi madre manejaba la caja, y cuando tenía tu edad, yo era aprendiz...

Princesa – Espero que después de haber sido presidente y luego rey, no quedes en la historia como el carnicero de tu propio pueblo...

Rey – A menos que pronto sea el pueblo quien clave mi cabeza en una pica para exhibirla en las calles como un trofeo. ¿Escuchas esos gritos afuera?

Princesa – Sí.

Rey – ¿Qué dicen exactamente?

Princesa – Exactamente... (*Ella escucha por un momento*) Algunos gritan "Abajo la dictadura". Otros "Elecciones libres". Pero lo que más se repite, creo, es..."Jaque al rey". O también "Jaque mate".

Rey – No deben ignorar mi pasión por el ajedrez...

Princesa – Solo quieren ser gobernados por alguien que les parezca y que los comprenda.

Rey – Parece que el pueblo ha olvidado de dónde vengo.

Princesa – Creo que sobre todo querría saber hacia dónde vamos todos...

Rey – ¿Y tú? ¿No vas a hacer las compras en Londres con tu madre?

Princesa – No... Curiosamente, la idea de ir de compras en un jet privado mientras nuestro pueblo muere de hambre me hace sentir culpable.

Rey – No me juzgues demasiado severamente, hija mía. Otros se encargarán de eso. Y su veredicto será implacable.

Princesa – Tal vez aún haya tiempo de evitar lo peor...

Rey – Temo que ya sea demasiado tarde... Pero no te preocupes, si todo sale mal, siempre podremos huir del país llevándonos el dinero. Tu madre y yo pasaremos nuestros días tranquilamente en un país amigo, y tú terminarás tus estudios en un internado en Suiza.

Princesa – ¿Un país amigo, estás seguro? Hoy en día, los dictadores derrocados suelen acabar en el Tribunal Internacional.

Rey – Sin duda, todos están empeñados en levantarme el ánimo hoy.

Princesa – Solo intento abrirte los ojos...

Rey – Cuando llegue el momento, espero sobre todo que estés aquí para cerrármelos... Y tú, hija mía, ¿has encontrado a alguien que te ponga la soga al cuello?

Princesa – No lo diría exactamente así, pero... tal vez.

Rey – ¿Quieres hablarme de ello?

Princesa – Aún es un poco pronto. Te emocionarías demasiado de golpe...

La ministra regresa.

Ministra – Disculpe, Majestad, pensé que estaba solo...

Princesa – Me iba.

Ministra – Mis respetos, Princesa.

Princesa – Señora...

La princesa le lanza una mirada gélida y sale.

Rey – Entonces, ¿ha encontrado una idea para evitar la guillotina?

Ministra – Es mucho más que una idea, Majestad. Es un plan.

Rey – Estoy impaciente por conocerlo.

Ministra – Y lo conocerá pronto. Pero para tener tiempo de llevar a cabo este plan, necesitamos obtener un respiro. Hay urgencia, Alteza. Como puede escuchar, la revuelta está creciendo.

Rey – ¿El ejército y la policía aún nos son leales, verdad?

Ministra – Por ahora. Pero no debemos depender demasiado de ellos. Todos los que llevan un uniforme son veletas. Una ligera brisa no los mueve, pero en la primera tormenta siguen la dirección del viento.

Rey – La escucho...

Ministra – Los manifestantes rodean el palacio, excitados por los pocos opositores que aún no hemos encarcelado.

Rey – Deberíamos haberlos eliminado, como a los demás.

Ministra – No estoy de acuerdo, Alteza. No hay nada más peligroso que una multitud sin un líder que canalice su ira.

Rey – ¿Y usted conoce a ese líder?

Ministra – Me he puesto en contacto con él. Solicita una audiencia. Con él, al menos, podremos negociar.

Rey – ¿Negociar? ¿Negociar qué? ¿La longitud de la cuerda con la que nos colgarán?

Ministra – Por ahora, se trata solo de ganar tiempo... Tiempo para llevar a cabo nuestro plan.

Rey – En ese caso, me encomiendo a usted. Espero que ninguno de los dos tenga que arrepentirse. ¿Dónde está el líder de la rebelión?

Ministra – Está en la puerta del palacio, con los demás. Pediré que lo hagan entrar.

Rey – En ese caso, arreglaré un poco mi apariencia antes de recibirlo... No quiero darle una mala impresión... Y hacerlo esperar un poco no puede hacer daño... Por ahora, aún soy el rey.

Ministra – Y aquellos que lo apoyan están dispuestos a todo para que siga siéndolo...

Salen. La princesa vuelve acompañada de su madre, que está a punto de partir.

Reina – ¿De verdad no quieres acompañarme a Londres?

Princesa – En este momento, realmente no estoy de ánimo, te lo aseguro.

Reina – ¿Acaso estás enamorada, por casualidad...?

Princesa – Tal vez... pero eso no tiene nada que ver. ¿Acaso no ves lo que está sucediendo?

Reina – Lo que veo es que para ser una princesa, estás vestida como Cenicienta. Así no encontrarás a tu príncipe. ¡Ven de compras conmigo!

Princesa – ¿En un jet privado?

Reina – ¡No esperarías que me vaya en una aerolínea de bajo costo!

Princesa – ¿Por qué no?

Reina – Con todos esos virus circulando en estos tiempos, viajar en medio de todas esas personas pobres que ni siquiera pueden permitirse un avión con comidas incluidas...

Princesa – Esas personas pobres, como dices, ni siquiera pueden permitirse una comida decente en sus hogares. Y mucho menos tomar un avión...

Reina – No es mi culpa si son pobres...

Princesa – ¿Estás segura de eso?

Reina – ¿Y qué quieres que haga al respecto?

Princesa – Al menos podrías hacer tus compras en nuestro país...

Reina – Lamentablemente, en nuestro país, las tiendas están vacías desde hace mucho tiempo... En Londres están muy bien surtidas... ¡y además están en rebajas! ¿Qué mujer puede resistirse al llamado de las rebajas?

Princesa – Yo, por ejemplo.

Reina – Bueno, allá tú... (*Mirando su reloj*) De todos modos, debo dejarte, tengo que tomar un avión.

Princesa – No creo que despegue sin ti. Es el avión personal del rey...

Reina – Ah, cierto... Siempre me olvido... Me pregunto cómo lo hacía antes...

Princesa – Supongo que ya te vestías con rebajas, pero en el supermercado de la esquina... Cuando aún había algo en los estantes...

Reina – Eso fue hace mucho tiempo... Yo era vendedora en la carnicería de tus abuelos. Ahí fue donde conocí a tu padre... A veces me pregunto si éramos más felices en esa época. Éramos jóvenes. Teníamos un futuro asegurado. Conforme uno envejece, necesita cada vez más dinero para ser feliz. El lujo es una droga. Cuanto más se consume, más hay que aumentar las dosis para satisfacer las necesidades.

Princesa – Por eso prefiero no empezar.

El líder de la oposición aparece, presentado por el mayordomo.

Reina – Pero quién es este joven tan guapo. ¿Es tu prometido? Parece muy amable...

Princesa – Es el líder de la oposición. Hace apenas cinco minutos, estaba gritando con los demás debajo de nuestras ventanas que quería cortarnos la cabeza a los tres...

Reina – Ah, ya veo...

Líder – Mis respetos, su Majestad...

Reina – En todo caso, es muy educado... Bueno, los dejo, debo irme...

La reina sale.

Mayordomo – Si el señor quiere esperar aquí, su Majestad lo recibirá en un momento.

El mayordomo sale.

Líder – Hola, mi princesa...

Intercambian un beso, pero ella se libera rápidamente de su abrazo.

Princesa – Seamos prudentes. Mi padre va a llegar...

Líder – Supongo que él no sabe nada de nosotros dos.

Princesa – No... y es mejor así. Especialmente para ti...

Líder – Tienes razón... Además, también podría causar problemas... El líder de la oposición saliendo con la hija del tirano... Es mejor mantener todo esto en secreto por ahora...

Princesa – ¿Y después?

Líder – ¿Después?

Princesa – Cuando hayas derrocado al rey. ¿Qué planeas hacer? ¿Sentarte en su lugar en el trono?

Líder – Organizar elecciones libres, para empezar. Y si el pueblo me otorga sus votos... Pero aún no está ganado... ¿En qué disposición se encuentra?

Princesa – Está considerando suicidarse.

Líder – Eso resolvería parte de nuestros problemas...

Princesa – A pesar de todo, es mi padre. Si pudiéramos evitar llegar a ese extremo...

Líder – Al menos significa que está dispuesto a negociar.

Princesa – Sí... pero también tendremos que convencer a su ministra. No solo se trata del rey. Muchas personas tendrían mucho que perder si el monarca fuera derrocado.

Líder – No soy ingenuo, tranquilízate... Sé que ningún dictador puede mantenerse en el poder sin la aprobación de una parte considerable de la población. Los privilegiados, una parte de la clase media, los militares, los curas... Todos aquellos a quienes el régimen otorga favores para asegurarse su apoyo activo, o al menos pasivo. Es horrible, pero es así: incluso los genocidas tienen amigos. Al menos al principio...

Princesa – Aunque no puedes comparar a mi padre con un genocida.

Líder – Ayúdame a detenerlo antes de que se convierta en el verdugo de su propio pueblo.

Princesa – Estoy de tu lado, lo sabes. Solo quiero evitar más derramamiento de sangre.

Líder – Eso depende principalmente de tu padre...

El rey llega acompañado de su ministra. La ministra expresa su sorpresa al ver al líder de la oposición junto a la princesa.

Ministra – Buenos días, señor. Mis respetos, princesa...

Líder – Buenos días, señora... (*Al rey*) Señor...

Ministra – Es costumbre dirigirse al rey como "Vuestra Majestad" o "Vuestra Alteza".

Líder – No es ofender a... su Majestad, recordarle que hace algunos años solo era presidente, elegido por el pueblo.

Rey – Princesa, le ruego que nos deje, por favor.

Princesa – Sí, padre...

La princesa se va.

Rey – He aceptado recibirlos para intentar calmar las cosas y evitar una escalada de violencia. Entenderán que no podremos tolerar por mucho tiempo este tipo de disturbios.

Líder – Estos disturbios los ha provocado usted, imponiendo por la fuerza un orden inaceptable.

Ministra – Estamos aquí para escuchar sus demandas.

Líder – Su política de saqueo sistemático de las riquezas de la Nación en beneficio de una élite gobernante ha llevado al país a la ruina. Solo pedimos el retorno a la democracia.

Ministra – ¿No pretenden exigir al rey que abdique?

Líder – No estamos apegados a los símbolos. La monarquía puede permanecer si eso es lo que garantiza una transición democrática suave. Solo exigimos que la asamblea sea elegida por el pueblo. Será ella quien designe al Primer Ministro y él quien dirija la política de la Nación.

Rey – Y, por supuesto, usted se ve en ese puesto.

Líder – Será decisión de los electores. Pero sí, seré candidato.

Ministra – Si accedemos a su solicitud, comprenderá que necesitaremos algunas garantías.

Líder – Escucho.

Ministra – No queremos rendir cuentas por el pasado. Será un trato justo: elecciones libres a cambio de un acuerdo de inmunidad.

Líder – Solo nos interesa el futuro del país. No buscamos venganza.

Ministra – Muy bien, estudiaremos su propuesta y le daremos una respuesta lo antes posible.

Líder – No se demoren demasiado... No podré contener la ira de la calle por mucho tiempo... *(Saludando al rey con un toque de ironía)* Vuestra Majestad...

El líder se va.

Rey – Encuentro que usted es muy conciliadora. Si aceptamos elecciones libres, está claro que las perderemos. Terminaré siendo, en el mejor de los casos, la reina de Inglaterra, y en el peor, sucederé a Luis XVI en el cadalso. En unos años, este acuerdo de inmunidad será denunciado, todos seremos juzgados, y usted me acompañarás en la carreta que nos llevará a la guillotina...

Ministra – Lo sé todo eso.

Rey – ¿Y entonces?

Ministra – Solo se trata de ganar un poco de tiempo.

Rey – ¿Tiempo? ¿Para qué?

Ministra – Es el momento de exponerle mi plan... Pero para hacerlo, me he permitido convocar al general a cargo de nuestro programa de armas secretas...

Rey – Muy secretas, sin duda... Ni siquiera sabía que teníamos tal programa...

Ministra – El general estará aquí en un momento.

Negro

ACTO 2

El rey está sentado en su trono, jugando al ajedrez consigo mismo, absorto en sus pensamientos. La reina llega con las manos vacías, seguida por la criada, que lleva una pila de paquetes apilados uno encima del otro.

Reina (*a la criada*) – Pon todo eso en mi vestidor, querida. Lo ordenarás más tarde. Debes estar cansada también...

Criada – Sí, Alteza.

Reina – Por ahora, hazme un baño... Descansarás más tarde...

Criada – Muy bien, Majestad.

La criada sale con los paquetes.

Reina – Dios mío, estoy agotada...

Rey – Al menos encontraste lo que querías...

Reina – Casi no compré nada.

Rey – Eso veo...

Reina – Había tanta gente en las tiendas. Y luego dicen que hay crisis.

Rey – Las rebajas... Atraen a las mujeres como la sangre atrae a los tiburones...

Reina – Sí, pero estas son las rebajas de marcas de lujo. ¡En Harrod's, en Londres! No pensé que fuera como la semana de descuentos en el supermercado de la esquina.

Rey – Es preocupante, de hecho. Cuando las esposas de los dictadores se ven reducidas a ir de rebajas, es que sus maridos están cerca de la quiebra... Y que la dictadura del proletariado está cerca...

Reina – Y tú, ¿has tenido un buen día?

Rey – Creo que también organizaré unas rebajas.

Reina – ¿En el palacio? ¿Y qué vas a liquidar?

Rey – ¡La monarquía y todos sus símbolos! Liquidación total antes de cese de actividad definitivo. Podría empezar poniendo a la venta mi trono y mi corona. ¿Qué te parece?

Reina – No deberías bromear con eso... Bueno, después de mi baño, creo que iré directamente a la cama. No tengo realmente hambre...

Rey – Ese es nuestro problema, querida. Hemos perdido el apetito por el poder. Ve a dormir el sueño de los inocentes, esperando que el despertar no sea demasiado difícil...

Reina – Te dejo con tus juegos de palabras, estoy demasiado cansada para entenderlos...

Rey – Buena noche, mi reina... (*La reina sale.*) Dichosos los de mente sencilla, los brazos de Morfeo les están abiertos... Yo creo que tendré dificultades para conciliar el sueño.

El rey se desploma en su trono, visiblemente abrumado. La princesa llega.

Princesa – Majestad... Espero no interrumpirte...

Rey – Buenas noches, mi princesa. Nunca me interrumpes, lo sabes bien. ¿A qué debo el placer de esta visita nocturna?

Princesa – Solo quería desearte buenas noches. Pero veo que estás preocupado. ¿Puedo serte de alguna ayuda?

Rey – Es deber de todos los reyes preocuparse por el destino de sus súbditos. Como es deber de todos los padres preocuparse por el futuro de sus hijos...

Princesa – Es muy honorable de tu parte tratar a tus súbditos como si fueran tus propios hijos.

Rey – Como niños, a veces mis súbditos son turbulentos. También cuestionan mi autoridad.

Princesa – Es el destino de los pueblos, al igual que el de los niños, querer emanciparse algún día.

Rey – Sin duda, cuando llega el momento... Pero hablemos de temas más livianos... ¿Cómo ha sido tu día?

Princesa – Cada uno de nuestros días nos acerca un poco más al precipicio, lo sabes bien...

Rey – Es un pensamiento muy serio para alguien de tu edad.

Princesa – A mi edad, ya tú era ministro.

Rey – Es cierto. Y haré todo lo posible para que al mío tú seas reina. No hay nada menos seguro hoy en día, pero estoy trabajando en ello, créeme.

Princesa – No te molestes, te aseguro. No quiero ser reina a cualquier precio.

Rey – Lamentablemente, no estoy seguro de que aún tenga la opción de renunciar al trono. La historia no es amable con los monarcas derrocados. Más de uno ha perdido la cabeza.

Princesa – Se puede vivir sin reinar.

Rey – En lo que a nosotros respecta, lamentablemente, temo que para seguir viviendo, debamos seguir reinando.

Princesa – ¿Incluso si para seguir reinando debemos masacrar a nuestro propio pueblo?

Rey – Masacrar... Es una palabra muy fuerte para una boca tan pequeña... Vamos, hija mía. Por ahora, te libero de las penurias del poder. Disfruta un poco más del tiempo de la inocencia y déjame a mí tomar las difíciles decisiones que se necesitan para mantenernos con la cabeza en su sitio.

Princesa – No ignoro que esas decisiones son difíciles, pero temo que estés mal aconsejado... Tu ministra...

Rey – ¡Basta! Déjame ahora. Tengo una audiencia en un momento. Y por ahora, sigo siendo el rey...

Princesa – Entendido, su majestad...

La princesa sale a regañadientes. El rey se queda pensativo y molesto por un momento, luego sale también. La criada llega y ordena un poco la habitación. Su mirada se dirige al trono. Mira a su alrededor para asegurarse de que nadie viene, luego se sienta con cuidado en el trono. Cierra los ojos, llena de emoción, y no ve venir al mayordomo.

Mayordomo – ¿Su Majestad...?

La criada da un salto y se levanta rápidamente, antes de reconocer al mayordomo y suspirar aliviada.

Criada – Me asustaste... Pensé que iba a morir...

Mayordomo – Si hubiera sido el rey quien te hubiera sorprendido, ya estarías muerta.

Criada – No me digas que nunca se le ha ocurrido...

Mayordomo – ¿Matarte?

Criada – Ver qué se siente al sentarse en ese trono.

Mayordomo – No estoy seguro de que hoy sentarse en ese trono sea una posición más envidiable que yacer en la tabla de una guillotina. Basta con escuchar el clamor de la calle para saber que los días del monarca están contados.

Criada – La revolución... ¿Y luego qué? ¿Qué será de nosotros?

Mayordomo – La monarquía solo existe desde hace unos años y ya estamos preguntándonos cómo sobrevivirle. Sin embargo, es este mismo monarca el que ha llevado al país a la ruina.

Criada – Es cierto. A menudo, la gente prefiere la seguridad tranquilizadora de la esclavitud en lugar de la gloriosa incertidumbre de la libertad.

Mayordomo – Él mató a tus dos maridos anteriores.

Criada – Por eso me resulta tan difícil encontrar un tercero... ¿Estarías interesado?

Mayordomo – ¿Por qué sigues sirviéndolo?

Criada – Como tú, supongo. Para estar en primera fila cuando vengan a llevárselo al cadalso...

Mayordomo – Lo que, lamentablemente, nos llevará a buscar otro empleo.

Criada – No te preocupes demasiado por eso. Rey, dictador o presidente elegido democráticamente, siempre necesitan a alguien que les sirva en la mesa y que lustre sus cientos de pares de zapatos.

Mayordomo – Eres una idealista, querida.

Criada – Créeme, la verdadera revolución será cuando aquellos que nos gobiernan limpien ellos mismos el inodoro...

El mayordomo y la criada salen. La princesa vuelve, acompañada por el líder de la oposición.

Princesa – Entonces, ¿cuánto?

Líder – ¿Cuánto?

Princesa – ¿No intentaron comprarte?

Líder – Por ahora, me ofrecen un trato. Elecciones libres a cambio de inmunidad total para ellos y todo el grupo en el poder.

Princesa – Ya veo...

Líder – No pareces contenta. Eso era lo que querías, ¿no? Salvar la cabeza del rey...

Princesa – No parece propio de él... y no les queda muy bien.

Líder – Tienen miedo, es humano. De hecho, es casi lo único que los acerca al género humano :el miedo a morir.

Princesa – Ningún dictador en el mundo ha aceptado alguna vez ceder el poder al pueblo a cambio de inmunidad judicial, una pensión de jubilación cómoda y un buen seguro complementario de salud.

El líder parece estar de acuerdo.

Líder – De todos modos, son pocos los dictadores que, después de ceder el poder, mueren en su cama.

Princesa – Es un trato engañoso y ellos lo saben muy bien.

Líder – Entonces, ¿por qué lo han propuesto?

Princesa – Es una trampa.

Líder – Eso es lo que pienso también... Pero, ¿cómo saber qué están tramando?

La princesa mira con preocupación hacia los bastidores.

Princesa – Alguien viene... No deben vernos juntos. Escondámonos por aquí...

La princesa lleva al líder detrás de un cortinaje o biombo. Llega el rey. Da vueltas pensativo. Llega la ministra, acompañada del general, vestido con uniforme militar y lleno de condecoraciones.

Ministra – Su Majestad, le presento al general a cargo de nuestro arsenal de armas no convencionales.

General – Vuestra Alteza...

Rey – General. A juzgar por la cantidad de medallas que lleva en la solapa de su chaqueta, debe haberse destacado en muchas batallas.

General – Gracias, su Majestad.

Rey – Lo cual me sorprende un poco, considerando que nuestro país no ha experimentado guerra alguna en más de medio siglo.

General – Hay muchas formas de servir a la patria, su Majestad.

Ministra – El general ha estado dirigiendo investigaciones en el campo de la guerra electrónica y bacteriológica durante varios años.

Rey – Electrónica y bacteriológica... ¿Qué relación hay entre ambas?

General – Los virus, su Majestad. Ya sean informáticos o biológicos, el objetivo es el mismo: perturbar el sistema de defensa del enemigo para disminuir sus capacidades de reacción.

Rey – En este caso, no tenemos muchos enemigos exteriores.

General – Para un militar, su Alteza, un enemigo sigue siendo un enemigo, venga de donde venga...

Rey – Ya es suficiente suspense. ¿Cuál es su plan?

Ministra – Los científicos que trabajan en este programa ultra secreto han logrado desarrollar un virus extremadamente contagioso.

Rey – ¿Un virus?

General – Este virus estaba destinado a ser utilizado contra países extranjeros que nos sean hostiles, desencadenando en ellos una epidemia fulminante que afectaría a su población, por lo tanto a su economía, y a sus soldados, por lo tanto a sus capacidades militares...

Rey – Entiendo... Una enfermedad... Una enfermedad contagiosa...

Ministra – Muy contagiosa. Y como se trata de un virus nuevo, nadie tiene aún una vacuna.

El rey comprende con seriedad las implicaciones de estas declaraciones.

Rey – Si entiendo bien, ¿me están proponiendo contagiar a nuestro propio pueblo?

General – Es el plan de último recurso, su Majestad. No hay un plan B.

Rey – Ministra, ¿qué opina usted?

Ministra – Las fuerzas del orden están desbordadas. La situación pronto será incontrolable.

Rey – ¿Y el ejército, General?

General – Sus recursos no son adecuados para mantener el orden. Además, los soldados son más reticentes que los policías a disparar contra sus propios ciudadanos. Han sido entrenados para hacer la guerra, no para reprimir revueltas. Poner al ejército en las calles sería arriesgar la fraternización.

Ministra – Lamentablemente, su Majestad, no veo ninguna otra solución para evitar que la monarquía sea derrocada en las próximas semanas. Estamos jugando nuestra última carta. Y debemos actuar rápido, o será demasiado tarde.

Rey – Así que pasaré a la historia como aquel que diezmó a su propio pueblo con el único propósito de mantenerse en el poder y escapar del cadalso...

General – Este virus no es mortal, su Majestad. Al menos, no sistemáticamente... Solo se trata de debilitar a nuestros opositores...

Ministra – Por supuesto, nadie debe saber que se trata de un virus creado artificialmente en nuestros laboratorios militares, y no de un virus natural que surja ocasionalmente.

Rey – ¿Y creen que esta epidemia lanzada contra nuestro propio pueblo será suficiente para resolver todos nuestros problemas?

General – El objetivo es menos eliminar a nuestros opositores más activos que desviar la atención del pueblo. Mientras esté ocupado luchando contra esta epidemia, no pensará en manifestarse.

Ministra – Como en los tiempos de las grandes plagas, la gente solo pensará en escapar del virus, enemigo común de la patria. En tiempos de crisis como estos, ya no se piensa en hacer la revolución, solo en salvar la propia vida.

General – Y para eso, se confía en el poder establecido. Es la unión nacional.

Rey – ¿Y luego qué?

General – Declararemos el estado de emergencia y el toque de queda. Eso nos permitirá retomar el control de la situación bajo el pretexto de combatir la propagación de esta epidemia.

Rey – No podrá durar para siempre... Con una población plagada y una economía agonizante, pronto reinaré solo sobre un campo de ruinas sembrado de cadáveres...

Ministra – Ese no es el objetivo, por supuesto... No permitiremos que la situación empeore hasta ese punto.

Rey – ¿Entonces qué?

General – Esperamos unos meses y lanzamos la vacuna.

Ministra – La epidemia es vencida gracias a la autoridad del Estado, a la sabiduría del rey y a los consejos acertados de sus ministros, respaldados por el ejército y la policía.

General – Recuperará su popularidad. Y encarcelaremos a los últimos opositores bajo el pretexto de ponerlos en cuarentena... Si algunos no sobreviven, mala suerte para ellos.

Ministra – Créame, su Majestad, el bombero pirómano siempre funciona.

Rey – A menos que descubramos que este virus es realmente artificial y que lo propagamos voluntariamente.

General – Si es necesario, acusaremos a esos terroristas de haber propagado ellos mismos este virus... y será otro motivo para dejarlos pudrirse en una celda antes de fusilarlos.

El rey se queda perplejo.

Rey – ¿Y si nosotros mismos nos contaminamos?

General – Por supuesto, nuestros científicos ya han desarrollado una vacuna efectiva contra esta peligrosa enfermedad. Usted, y todos los dignatarios del régimen, serán vacunados incluso antes de que difundamos este virus.

Ministra – Por lo tanto, estamos seguros de poder vacunar a la población cuando lo consideremos oportuno.

Silencio sepulcral.

Rey – Es un plan diabólico... que podría funcionar. Pero, ¿no estamos jugando a ser aprendices de brujo?

Ministra – Es la única solución que nos queda...

Rey – ¿Cuántas víctimas prevén?

General – No lo sabemos exactamente, pero no se puede hacer una tortilla sin romper huevos.

Rey – Veo que también le gustan las expresiones populares, pero en un lenguaje más refinado, eso se llama crimen contra la humanidad.

El rey sigue dudando.

Ministra – Solo los más débiles perecerán, su Majestad. Aquellos que no son realmente útiles para la sociedad o que son una carga para ella. Los demás se recuperarán, pero nadie se atreverá a levantarse contra un gobierno que haya manejado tan bien la crisis.

General – Esta epidemia le garantizará la concordia nacional y la paz social durante al menos una década. Permanecerá en la historia como el salvador de la Nación.

Ministra – La gente estará tan contenta de haber recuperado la salud. Aceptarán trabajar el doble para sacar al país adelante. Y renunciarán sin quejarse a todos sus privilegios indebidamente adquiridos.

General – Antiguamente, en tiempos de crisis, se decía: lo que necesitamos es una buena guerra. Hoy, le digo, su Majestad: lo que necesitamos es una buena epidemia.

Rey – Es una decisión grave. Debo pensarlo...

Ministra – Por supuesto, su Alteza. Pero recuerde, el tiempo apremia...

La ministra y el general salen. El rey queda pensativo y luego sale también. La princesa y el líder salen de su escondite. Parecen abatidos y permanecen en silencio por un momento.

Líder – Se han vuelto locos...

Princesa – El rey aún no ha dado su consentimiento.

Líder – Lo dará. Está dispuesto a hacer cualquier cosa para conservar su trono... Es una cuestión de vida o muerte para él. Y ahora también lo es para nosotros.

Princesa – Y para nuestro pueblo.

Líder – Ha llegado el momento de actuar.

Princesa – Sí... Pero ¿cómo detener esta maquinaria infernal?

El líder reflexiona.

Líder – Si contamos esta historia, no nos creerán. Los periódicos serán confiscados. Nos arrojarán a prisión. O algo peor...

Princesa – Entonces es mi turno de actuar. Mi padre no se atreverá a matarme.

Líder – ¿Estás segura?

Princesa – No tenemos elección.

Líder – ¿Qué estás dispuesta a hacer para evitar este genocidio en el país?

Princesa – Estoy dispuesta a sacrificarme.

Líder – ¿Podrías matarlo?

Princesa – No puedes pedirme eso...

Líder – Brutus mató a César para evitar que se proclamara rey.

Princesa – No le fue muy bien. Un dictador reemplazó a otro.

Líder – Entonces seré yo quien se encargue de ello.

Princesa – Si me amas, no hagas eso.

Líder – ¿Incluso si millones de vidas están en juego?

Princesa – Si usas los mismos métodos que el tirano, pronto te convertirás en un dictador también. Simplemente tomarás su lugar. Y dentro de unos años, otro vendrá para destronarte.

Enigmático, el líder ve el juego de ajedrez, se acerca y mueve una pieza.

Líder – Esto es un juego de ajedrez. Y en el tablero político, uno de los dos bandos debe prevalecer sobre el otro.

Princesa – Para que al final solo quede un rey. Sin dudar en sacrificar peones para ganar la partida.

Líder – Para que los blancos prevalezcan sobre los negros... El bien contra el mal.

Princesa – Pero el ajedrez excluye cualquier noción de moral. Los blancos y los negros son perfectamente intercambiables. Simplemente se decide al azar al principio quién abrirá las hostilidades.

Líder – Es el juego del poder.

Princesa – Un juego absurdo, ya que con la derrota del adversario, también termina el juego. Y el único futuro posible es una posible revancha. Mientras no cambiemos la regla, la guerra continuará.

Líder – Si dejamos vivir a tu padre, él será quien me mate.

Princesa – No permitiré que lo haga.

Líder – ¿Y si tuvieras que elegir entre mi vida y la suya?

Princesa – Si tengo que elegir entre su vida y la de millones de personas, asumiré mis responsabilidades.

La princesa y el líder se van. La reina llega acompañada del mayordomo.

Reina – ¡Es absolutamente horrible! La gente ya no respeta nada. Pero ¿cómo es posible?

Mayordomo – No lo sé, su Majestad. Algunos de estos terroristas, más decididos que los demás, lograron entrar al palacio. Antes de ser repelidos por nuestro servicio de seguridad, lograron ingresar a sus habitaciones y saquearlas. Se fueron llevándose todo lo que encontraron en el vestidor de Su Alteza.

Reina – Todas las compras que hice en Londres... Sin mencionar mis dos mil pares de zapatos. Es muy sencillo, mira. ¡Me veo reducida a caminar descalza!

Mayordomo – Iré de inmediato a buscar un par de zapatillas para su Majestad.

El rey llega.

Rey – Déjanos, por favor. (*El mayordomo sale.*) ¿No estás herida, al menos? ¿Y la princesa tampoco?

Reina – No, pero tengo miedo. Esta farsa se está convirtiendo en tragedia. ¿Cómo va a terminar todo esto?

Rey – Si yo fuera el autor de esta siniestra comedia, podría decírtelo. Lamentablemente, no sé más que tú. Y ni siquiera estoy seguro de que el propio autor sepa cómo terminar esta historia disparatada.

Reina – Entonces, ¿qué vas a hacer?

Rey – Tomaré las decisiones que sean necesarias, te lo prometo, para que el orden regrese a este país.

La ministra y el general regresan.

Ministra – Su Majestad. Señora...

Rey – Te pediré que nos dejes. El deber me llama...

Reina – Sé firme, cariño. Recuerda lo que siempre decía tu padre en momentos como estos...

Rey – ¿Ah, sí? ¿Y qué decía?

Reina – Justo ahora, no lo recuerdo... Estoy tan conmocionada por todo esto... Pero estoy segura de que era muy apropiado. Y siempre hay que seguir los consejos de los padres. Caballeros...

La reina sale.

Ministra – Ya no es momento de vacilar, su Majestad. Como puede ver, la situación está a punto de escaparse de nuestro control.

Rey – ¿Está su plan operativo en este momento?

General – Todo está listo, su Alteza. Solo estamos esperando su autorización.

Rey – ¿Cómo van a propagar esta enfermedad?

General – Es un virus que se transmite por vía aérea. Lo introduciremos en el sistema de climatización de los edificios públicos, en las estaciones de tren, las escuelas, las iglesias, las tiendas de sexo, los clubes swingers...

Ministra – Este virus es altamente contagioso. El brote se propagará rápidamente.

Rey – ¿Y toda la población se verá afectada?

General – Ese no es el objetivo. Lo que queremos es crear una psicosis. La gente estará dispuesta a hacer cualquier concesión para protegerse. Pondrán su confianza en el gobierno y en el ejército.

Rey – Pero no todos morirán, ¿verdad?

General – Solo los más débiles, como le dije. Los más ancianos. Aquellos que ya están debilitados por otras afecciones. Los más jóvenes y fuertes se recuperarán.

Ministra – Sin embargo, debemos mantener a algunos sanos para que puedan seguir trabajando en nuestro enriquecimiento.

Rey – ¿Cómo podemos garantizar que el brote se mantendrá bajo control?

El general saca un frasco.

General – Esto, su Alteza.

Rey – ¿Esto?

Ministra – Es la vacuna. La hemos probado. Está perfectamente desarrollada.

Silencio.

General – ¿Cuál es su decisión, su Majestad?

El rey simula dudar por un momento más.

Rey – Tienen mi consentimiento.

Ministra – Es una decisión seria, su Alteza, que implica la responsabilidad de toda la jerarquía política y militar. Me he permitido redactar una orden oficial que le pido que firme y selle... Por supuesto, este documento se mantendrá en secreto.

Rey – Entonces, ¿por qué dejar constancia por escrito?

General – Digamos que... será una especie de póliza de seguro para nosotros. La prueba de que no hemos iniciado este brote por nuestra cuenta, sino que fue una decisión colectiva tomada en la cima del Estado, y que usted también asume personalmente.

La ministra coloca un documento frente al rey y le entrega un bolígrafo. El rey los mira a ambos, desconfiado, luego firma. Luego muestra el documento al público al estilo de Donald Trump. La ministra recupera el documento.

Ministra – Muy bien, su Majestad. Lo vacunaremos de inmediato.

Rey – ¿Ustedes? Saben que detesto las agujas y usted no es enfermera...

General – No se preocupe, su Majestad. Le administraremos la vacuna por vía anal.

Rey – ¿Perdón...?

Ministra – Oral... El general quiso decir oral, por supuesto. Por vía oral, su Alteza.

El general le entrega varias pastillas al rey en su palma abierta. El rey retrocede.

Rey – ¿Acaso no están intentando envenenarme?

General – Aquí hay tres pastillas. Elija la suya, nosotros nos tomaremos las otras dos.

El rey elige una pastilla con desconfianza. El general y la ministra toman cada uno una de las otras pastillas y las tragan. A su vez, el rey coloca la pastilla en su lengua, pero está tan tenso que se atraganta y se ahoga. Bajo la mirada consternada de los otros dos, empieza a toser ruidosamente.

Rey – Agua, agua...

La ministra toma la campana y la agita. El rey sigue tosiendo y asfixiándose. Llega la criada.

General – ¡Un vaso de agua, rápido!

Criada – Claro, señor, enseguida...

La criada sale, alterada. El rey sigue ahogándose. La criada vuelve con un vaso de agua que le ofrece al rey. Él lo toma y bebe ávidamente, pero aún sigue asfixiándose. La criada se coloca detrás de él, coloca sus manos en su vientre y realiza una serie de presiones como en la maniobra de Heimlich, recomendada en caso de atragantamiento. Este movimiento ambiguo puede evocar una penetración por detrás, y los demás presentes quedan desconcertados.

Criada – Vi hacer esto en la televisión. Es lo que los médicos recomiendan para ayudar a alguien que se está ahogando...

El rey tose de nuevo y comienza a recuperar el aliento.

Ministra – ¿Se siente mejor, su Majestad?

Rey – Sí... Me siento bien... (*Mira agradecido a la criada.*) Gracias, mi niña.

General – Nos ha asustado...

La criada sigue ahí, pero nadie le presta atención.

Rey – Espero que esto no sea un mal presagio... Su virus se supone que envenenará al pueblo, y casi me ahogo al tomar la vacuna... ¿Realmente creen que funcionará?

Ministra – Estoy segura, su Majestad.

General – Mañana estará en plena forma y perfectamente inmunizado.

Ministra – Mientras que todos sus opositores serán golpeados por este virus.

Rey – Dios nos oiga... o más bien el diablo.

El rey sale, apoyado por la criada, quien ha escuchado el final de esta conversación.

General – ¿Estás segura de que no estamos cometiendo una locura? Todo esto para salvar la cabeza de este idiota, que ni siquiera puede tragar una pastilla sin ahogarse.

Ministra – Tranquilo, General. Nosotros mantendremos el control de esta vacuna. Solo será efectiva durante un año, como máximo. El tiempo suficiente para que el virus mute. Aquellos que deseen permanecer inmunizados tendrán que pasar por nosotros, y el rey no será más que una marioneta en nuestras manos. Si no quiere morir también, deberá hacer lo que se le diga.

General – ¿Y si las cosas salen mal?

Ministra – Publicaremos este documento... que ni siquiera se ha molestado en leer, y que le atribuye la responsabilidad total de este genocidio.

General – Eres el diablo en persona. (*Se acerca a ella.*) Pero un diablo en el cuerpo de una sirena. Y temo haber sucumbido a tu canto...

Ministra (*coqueteando*) – ¿Hasta dónde estás dispuesto a seguirme, general?

El general la abraza.

General – Te seguiré hasta el infierno si es necesario, siempre y cuando haya allí una suite real para albergar nuestro amor...

Se besan. Ella se vuelve hacia el trono.

Ministra – Mañana seré yo quien se siente en este trono. Y te convertiré en mi rey.

General – Al menos un rey consorte. Pero te entrego gustosamente la corona, siempre y cuando me cedas una parte del pastel.

Ministra – Nos lo tomaremos en buena porción, te lo prometo.

General – Lo aseguraré... También tengo documentos que nos unen más estrechamente que un contrato de matrimonio.

Ministra – Veo que la confianza reina.

General – No me tomes por más ingenuo de lo que soy. Pero debo admitir que tu talento de persuasión nos ha servido bien para convencer al rey. ¡Qué actriz habrías sido! ¿Nunca has considerado hacer teatro?

Ministra – Tal vez no he dicho mi última palabra...

Salen. El rey regresa y se sienta frente al juego de ajedrez, pensativo. La princesa llega.

Princesa – La criada me dijo que te atragantaste.

Rey – En efecto, no estoy seguro de haber elegido el camino correcto... y espero que esta decisión no se me atragante.

Princesa – Vine a ver si estabas bien.

Rey – Me siento mejor, gracias.

La princesa ve el juego de ajedrez.

Princesa – ¿Todavía no has encontrado un oponente a tu altura?

Rey – Nadie quiere jugar conmigo, no sé por qué...

Princesa – Tienen miedo.

Rey – ¿Miedo de perder?

Princesa – O miedo de ganar...

Rey – ¿Quieres jugar una partida?

Princesa – ¿Estás seguro?

Rey – La última vez que jugamos juntos, todavía eras una niña.

Princesa – Siempre me ganabas.

Ella se sienta frente a él al otro lado del tablero de ajedrez. Él toma un peón en cada mano, coloca sus manos detrás de su espalda y luego le presenta ambas manos cerradas.

Rey – Los blancos empiezan.

Ella señala una de las manos de su padre, quien le muestra la palma abierta. Aparece un peón blanco.

Princesa – Entonces, soy yo quien comienza.

Mueve una pieza. El rey mueve otra.

Rey – ¿Por qué dejamos de jugar juntos?

Princesa – El tiempo aleja a los padres de los hijos a medida que crecen.

Rey – ¿Tenías miedo de que te ganara?

Princesa – O tal vez tenía miedo de ganar.

Mueven algunas piezas alternativamente.

Rey – No me gusta jugar con las negras.

Princesa – Sin embargo, no hay ninguna diferencia con las blancas.

Rey – El negro me da miedo... También a ti, cuando eras niña, te daba miedo el negro.

Princesa – Y tú no estabas aquí muy a menudo para tranquilizarme...

Rey – A veces lo lamento, créeme. Pero no se puede cambiar el pasado.

Ella mueve una última pieza.

Princesa – Y ahí está... Jaque mate.

Rey – El jaque pastor. Se me había olvidado.

Princesa – O tal vez me dejaste ganar.

Rey – Y tú me dejaste perder...

Princesa – ¿Vas a matarme también?

Rey – ¿Crees que soy capaz de eso?

Intercambian una mirada llena de insinuaciones. Ella sale. El rey barre con la mano las piezas restantes del tablero de ajedrez. La ministra llega con el líder de la oposición, quien mira intrigado el tablero de ajedrez.

Líder – Su Majestad...

El rey se recupera y se vuelve extremadamente amable de repente.

Rey – Por favor, siéntese, querido amigo.

Líder – Si no le importa, preferiría quedarme de pie.

Rey – ¿Le gustaría al menos un refresco o una bebida caliente?

Líder – No, gracias, no tengo sed. Y no he venido aquí a tomar el té.

El rey intenta bromear.

Rey – ¿No tiene miedo de ser envenenado, verdad?

La ministra le lanza una mirada reprobatoria.

Líder – Usted me ha pedido que viniera. Lo escucho.

Ministra – El rey está de acuerdo en celebrar elecciones libres lo antes posible.

Rey – Me comprometo a ello, y personalmente me aseguraré de que la votación se lleve a cabo en las mejores condiciones.

Líder – Eso es muy tranquilizador... Tomo nota y se lo comunicaré a todos los que me han elegido para representarlos.

Rey – ¿Concluyo entonces que será candidato?

Líder – El pueblo necesita un nuevo líder.

Ministra – Ha asimilado rápidamente nuestro vocabulario marcial. Cuidado de no convertirse en dictador usted también...

Líder – ¿Está tan seguro de mi victoria?

Rey – El pueblo ya ha decidido. Quiere cambio. Mi única preocupación es permitir una transición pacífica, evitando derramar innecesariamente la preciosa sangre de nuestros ciudadanos.

Líder – Esa preocupación le honra, pero llega tarde. Durante años ha derramado la sangre de sus opositores para mantenerse en el trono. ¿Qué le lleva hoy a renunciar al poder?

Rey – Ningún dictador, por más sanguinario que sea, puede mantenerse eternamente al frente del Estado sin el apoyo del pueblo.

Líder – Haremos todo lo posible para que esta transición se realice en calma.

Ministra – Incluyendo garantizar a nuestro rey y a sus seguidores más leales una salida honorable.

Líder (*irónico*) – ¿Honorable?

Ministra – Digamos aceptable, entonces.

Líder – No nos guía un sentimiento de venganza, sino una sed de justicia.

Ministra – Dependiendo de quién dirija su brazo, la justicia puede convertirse fácilmente en instrumento de venganza. Por lo tanto, le pedimos que sea más claro.

Líder – Buscamos el restablecimiento de la justicia social. Estamos de acuerdo en una amnistía general en lo que respecta a los crímenes del pasado.

Rey – Muy bien. En ese caso, dejaré que la Ministra se ocupe más adelante de usted de los detalles de este acuerdo y organice la votación. Nos volveremos a ver pronto...

El rey sale. La ministra y el líder se miran fijamente.

Líder – Parece muy conciliador de repente... ¿Qué trampa puede estar escondiendo eso?

Ministra – El rey ha envejecido, eso es todo. Busca una salida. Pero quiere proteger sus intereses, es normal.

Líder – ¿Y usted? ¿A qué juego está jugando?

Ministra – Tal vez al ajedrez.

Líder – En ese juego, todos podríamos perder mucho.

Ministra – Podríamos ponernos de acuerdo para evitarlo.

Líder – Pensé que eso era lo que acabábamos de hacer...

Ministra – Es un trato desigual, lo sabe muy bien. Si accede al poder, no permitirá que la familia real y su séquito vivan despreocupadamente a expensas del contribuyente. El pueblo le pedirá cuentas. Querrá venganza. Desconfío del pueblo...

Líder – ¿Qué propone usted entonces?

Ministra – Si el país atraviesa una crisis, usted podría participar en un gobierno de unidad nacional.

Líder – ¿Tiene motivos para creer que el país va a enfrentar una crisis aún más grave que la que ya estamos atravesando?

Ministra – El momento es turbulento. Y el rey es un hombre del pasado. Le dejo que lo piense...

La ministra sale. Entra la princesa.

Princesa – Al final, parecen llevarse bien... ¿Qué quería ella?

Líder – Proporcionarme un puesto en el gobierno...

Princesa – Ella es la más astuta del grupo y, por lo tanto, la más peligrosa. Hay que desconfiar de ella.

Líder – ¿El rey ha tomado su decisión?

Princesa – Han iniciado la operación...

Líder – ¿Cómo puedes estar segura de eso?

Princesa – También tengo mis informantes...

Líder – Lo sospechaba... De lo contrario, no habrían sido tan complacientes.

Princesa – Parece que no te preocupa...

Líder – Tengo un plan...

Princesa – ¿Un plan?

Líder – Es demasiado pronto para contártelo.

Princesa – ¿Ya no confías en mí?

Líder – Digamos que... no quiero ponerte en una situación incómoda, pero pronto lo sabrás...

Princesa – Mientras tanto, miles de personas podrían morir.

Líder – No si mi plan tiene éxito... No nos quedemos aquí.

Salen. El rey regresa acompañado de la criada.

Rey – Me salvaste la vida antes, pequeña. ¿Por qué lo hiciste? ¿No deseas mi muerte, como todos en este rcino?

Criada – No lo pensé, su Majestad. Fue un acto reflejo. Cuando uno ve a un perro ahogarse, olvida por un momento que te ha mordido.

Rey – Sea como sea, no soy ingrato y sabré recordar tu gesto...

Criada – Su Alteza Real es demasiado amable.

Rey – Considero que te debo una vida. Es una deuda de honor.

Criada – Gracias, su Majestad.

Rey – ¿Escuchaste lo que dijimos cuando estabas ahí?

Criada – No tengo por costumbre escuchar conversaciones que no me conciernen, su Alteza.

Rey – Por haber escuchado esa conversación, debería haberte matado. Te dejo con vida. Consideremos que estamos en paz.

Criada – De acuerdo, su Majestad.

El rey mira el tablero de ajedrez.

Rey – ¿Una partida rápida?

Criada – No sé si...

Rey – Es una orden.

Criada – En ese caso...

Rey – Le toca empezar. Pero yo juego con las blancas.

La criada hace su movimiento inicial. El rey mueve otra pieza, y así sucesivamente. El rey captura varias piezas consecutivamente.

Criada – Sus caballos están en buena forma, su Majestad... Saltan mucho más lejos que los míos...

Rey – ¿Estás insinuando que hago trampas?

Criada – ¡De ninguna manera, su Majestad!

Rey – Es tu turno.

Ella mueve una torre, que el rey captura.

Criada – Pierdo mi segunda torre.

Rey – Concéntrate, pequeña. Mira, también te he capturado tu reina.

Criada – Su Alteza juega demasiado bien para mí. Será mejor que me rinda...

Rey – No. Hay que seguir hasta el final. Aún te queda un alfil además de tu rey.

Criada – De acuerdo, prestaré más atención.

El rey también captura el último alfil.

Rey – Mientras te quede un peón, aún no está todo perdido.

Criada – Es cierto...

Rey – Y aquí está, también te he capturado tu peón.

Criada – Esta vez mi rey queda solo y sin defensa.

Rey – ¡Pero aún no estás en jaque mate!

Criada – Ya no tengo ninguna posibilidad de ganar.

Rey – No... Pero hay que seguir hasta el final... No privar al ganador del placer de este sacrificio. Imagina que en una corrida, se detiene la corrida tan pronto como el toro derrama su primera gota de sangre...

Criada – Muy bien... entonces continuemos.

Rey – Y aquí está. Esta vez ha terminado. Jaque mate.

Criada – Su Alteza juega realmente demasiado bien para mí. Sería mejor que encontrara un oponente a su altura.

Rey – La forma más segura de no ser derrotado, pequeña, es desanimar a todos tus oponentes para que no se enfrenten a ti...

Criada – ¿Y si a pesar de todo se atreven a desafiarlo...?

Rey – En ese caso, solo queda una solución.

Criada – Me daría curiosidad saber cuál es.

Rey – Si alguien te arrebata la victoria por sorpresa, cambias la regla del juego después para descalificarlo.

El rey sale. La criada guarda el juego. El mayordomo llega.

Mayordomo – Ah, tú también has tenido la partida de ajedrez...

Criada – Sí...

Mayordomo – No es fácil jugar contra un verdadero rey, ¿verdad?

Criada – No, en efecto... Porque él está jugando su propia vida. Pero juega tan mal... incluso haciendo trampas. Llegué a pensar que nunca podría dejarlo ganar...

Negro.

ACTO 3

Al igual que al comienzo del primer acto, el rey está sentado en su trono leyendo el periódico, que esta vez destaca sobre la epidemia: la contagio se propaga, los hospitales están desbordados, hay escasez de papel higiénico. La criada llega, lleva puesta una mascarilla. En la mesa baja se ven los restos de un desayuno colocado en una bandeja.

Criada – ¿Puedo retirar el desayuno de su Alteza?

Rey – Por favor, pequeña...

La criada toma la bandeja.

Criada – Veo que su Majestad ha recuperado el apetito.

Rey – ¿Perdón?

Criada (*más alto*) – ¡Su desayuno continental! Su Alteza se lo ha comido todo...

Rey – Ya tengo un poco de sordera, así que con esta mascarilla... Deberíamos considerar hacer un agujero para la boca, porque la entiendo muy mal.

Criada – Solo estoy siguiendo las medidas sanitarias, su Majestad. Para evitar que esta terrible enfermedad que azota al país también se propague en el palacio.

Rey – Ah, sí... La enfermedad, por supuesto...

Criada – De todos modos, me alegra ver que su Alteza está perfectamente sano.

Rey – Es cierto. Hace algún tiempo estaba pensando en colgarme, pero esta epidemia me ha levantado el ánimo...

Criada – Como dicen, la desgracia de unos...

El mayordomo llega, también lleva una mascarilla.

Mayordomo – Su Majestad, la Ministra está aquí con el General y desean ver a su Majestad, si su Majestad está disponible.

Rey – Que entren... Pero intenten articular, ustedes también. Y hacer frases más cortas. Porque con estas malditas mascarillas...

Mayordomo – Muy bien, su Majestad.

La ministra y el general entran. El mayordomo y la criada salen.

Ministra – Buenos días, Majestad. ¿Ha leído la prensa?

Rey – Sí... (*Con una gran sonrisa*) Es una verdadera tragedia...

Ministra – La enfermedad se propaga... Es el pánico... La gente se queda acurrucada en sus casas por miedo a contagiarse...

Rey – Al menos no están bajo mis ventanas gritando que les gustaría verme ahorcado.

General – Ya no hay riesgo de ese lado, su Alteza. Tomamos medidas drásticas de inmediato para combatir la epidemia. Se ha decretado la ley marcial. Y toda la población está confinada en sus hogares.

Rey – ¿Creen que eso será suficiente para mejorar nuestra imagen?

Ministra – Es un comienzo. Pero según una primera encuesta, su índice de popularidad ha subido veinte puntos después de su discurso.

Rey – Sí, creo que fui bastante bueno, ¿no es así?

Ministra – Me encantó cuando dijo "estamos en guerra contra un enemigo invisible".

Rey – Tú fuiste quien escribió ese discurso.

Ministra – Ah sí, es cierto...

Rey – Bueno... ¿Y ahora qué hacemos?

General – Esperamos unos días y cancelamos las elecciones que estaban programadas, invocando este contexto sanitario excepcional.

Rey – ¿Y la vacuna?

Ministra – Esperaremos un poco antes de anunciar su descubrimiento por nuestros laboratorios. Tiene que parecer creíble.

General – Cuanto más esperemos, más miedo tendrán las personas por sus vidas. Y más agradecidos nos estarán por encontrar la cura para esta terrible epidemia.

Rey – Por ahora, según el periódico, tienen más miedo de quedarse sin papel higiénico...

Ministra – La enfermedad comienza con diarrea, en efecto.

Rey – ¿Diarrea? ¿Y creen que eso será suficiente para crear pánico?

General – Según nuestros expertos, debería haber algunos casos graves. Suficientes para desbordar los hospitales y desencadenar una psicosis colectiva.

Rey – ¿Y están seguros de que la vacuna es efectiva?

General – Cien por ciento.

Rey – ¿Y mi esposa? ¿Y mi hija?

Ministra – No se preocupe, les hicimos tomar la vacuna sin que lo supieran.

Rey – Muy bien. De hecho, prefiero que no se enteren de nada. Especialmente mi hija... No estoy seguro de que apruebe mi decisión... Usted también es madre, sabe cómo son los jóvenes a esa edad. Llenos de ilusiones.

Ministra – No tengo hijos, su Alteza.

Rey – Tiene mucha suerte. ¿Y usted, General?

General – Todavía no, su Majestad.

Rey – ¿Todavía no...? ¿Pero cuántos años tiene usted?

La ministra considera oportuno volver a lo esencial.

Ministra – He convocado al líder de la oposición, su Alteza, para acordar con él un alto al fuego y posponer las elecciones. Estará aquí en un momento.

Rey – Perfecto... ¿Creen que podríamos convencerlo para que esté a nuestro favor? A cambio de una gran transferencia a una cuenta en un paraíso fiscal y un puesto ministerial en un gobierno de unidad nacional.

Ministra – No estoy segura, su Alteza... Lo he sondeado discretamente sobre ese tema, pero... es un purista, desafortunadamente... Un ideólogo...

General – Y un peligroso izquierdista...

Rey – Podríamos hacerle entender que es eso o la prisión. Incluso los ideólogos son capaces de entender eso, ¿no?

Ministra – No lo sé, su Majestad. Y además...

Rey – ¿Y además qué?

Ministra – Su Alteza realmente no está al tanto...

Rey – ¿Al tanto de qué?

Ministra – Es el amante de la princesa, su Majestad.

Rey – ¿El amante de quién?

Ministra – De su hija.

Rey – ¿El amante de mi hija? No puede ser...

Ministra – Sí, Majestad, temo que sí...

Rey – ¿Cómo lo sabe? ¿Usted lo sabía, General?

General – Todo el mundo lo sabe, su Majestad.

Rey – Todo el mundo, excepto yo...

General – Son cosas que los padres no siempre quieren ver.

El rey comprende todas las implicaciones de esta noticia.

Rey – ¿Y si lo hago fusilar?

General – Es posible que su hija se enfade con usted por un tiempo, pero...

Rey – Claro, no puedo descontentar a la princesa...

Ministra – Es un asunto delicado que requiere cierta habilidad...

Rey – Tiene razón... ¿Y si los casamos?

Ministra – ¿Casarlos? ¿Y para qué?

Rey – ¡Para neutralizarlos a ambos! Él perdería toda credibilidad ante la oposición y ella... ¿cómo puede seguir conspirando contra un padre que le concede la mano del hombre que ama, cuando él es su peor enemigo?

General – Claro, visto así...

Rey – Un matrimonio entre la hija del rey y el líder de la oposición es incluso mejor que un gobierno de unidad nacional, ¿no creen?

Ministra – En cualquier caso, lo he convocado al palacio para exponerle la situación y acordar juntos las medidas a tomar...

Rey – Claro, claro... ¿Su madre también está enterada?

Ministra – Su madre... ¿?

Rey – ¡La reina! ¡Mi esposa! ¡La madre de la princesa! ¿Está al tanto de este idilio?

Ministra – Creo que debe sospecharlo, pero...

Rey – Ah, justo aquí viene...

Ministra – Hasta luego, su Majestad.

General – Su Alteza...

La reina llega. La ministra y el general salen.

Reina – ¿Pero qué es todo este teatro? ¡El mayordomo y la criada ahora llevan máscaras! ¿Acaso nos hemos convertido en los desafortunados protagonistas de una Commedia dell'Arte?

Rey – Se trata de una epidemia, querida. Una terrible epidemia. Si llevan máscaras, es para no contagiarla.

Reina – ¿Y nosotros? ¿Nosotros no llevamos máscaras?

Rey – No te preocupes, nosotros estamos vacunados...

Reina – ¿En serio?

Rey – Perdón, quiero decir que... estamos a salvo aquí, en el palacio. Mientras que los sirvientes están en contacto con el exterior. Por lo tanto, es suficiente que usen máscaras para que no nos envíen sus salivazos a la cara, como algunos actores a los espectadores de la primera fila.

Reina – ¿Y eso es todo lo que piensan hacer para combatir esta plaga? ¿Ponerle un bozal al mayordomo y a la criada para evitar que babee?

Rey – Por ahora, no podemos hacer nada más... Nos quedamos confinados en el palacio, esperando a que nuestros investigadores encuentren una vacuna contra esta enfermedad espantosa. Están trabajando en ello día y noche, te lo aseguro...

Reina – ¡Confinados! ¡Pero es terrible! Tenía planes de ir a la peluquería. Hace al menos tres días que no voy. Mira esto, estoy peinada como una loca...

Rey – Me temo que tendrás que esperar un poco más. Pero dime, querida... ¿sabías que nuestra princesa tiene una aventura con el líder de la oposición?

Reina – ¿Te refieres a ese apuesto joven que vi ayer en el palacio?

Rey – Entonces, estabas al tanto...

Reina – Las madres intuimos esas cosas, ya sabes...

Rey – ¿Y si los casamos? Un matrimonio real, nada mejor para restaurar la reputación de una monarquía en bancarrota, ¿no crees?

Reina – ¿Un matrimonio principesco? ¡En medio de una epidemia! No lo estás pensando en serio.

Rey – Es cierto, lo olvidé... De hecho, empiezo a preguntarme si fue una buena idea esta epidemia... Cuando todo podría haberse resuelto con un matrimonio, como en los cuentos de hadas...

Reina – ¿Una idea? ¿Qué quieres decir con una idea...?

Rey – Perdón, quería decir... Sí, tienes razón, sería bueno esperar a que esta epidemia esté bajo control para celebrar sus nupcias, por supuesto... De hecho, hemos prohibido todos los matrimonios y funerales hasta nuevo aviso para evitar la propagación.

Reina – ¿También los funerales? Dios mío, en qué época vivimos... Las neveras de todas esas personas pobres ya estaban vacías, ahora ellos llenarán las de la morgue mientras esperan el permiso para ser enterrados. Bueno, te dejo... No sé qué me pasa... Creo que tengo un poco de dolor de estómago... Con todas estas emociones...

Rey – Claro... (*Pensativo, para sí mismo*) Pensé que ella también estaba vacunada...

Reina – No te doy un beso...

Rey – No, en efecto, es más prudente.

La reina sale. El mayordomo regresa, aún con mascarilla.

Mayordomo – Su Alteza, la Ministra está aquí con... un caballero y desearían ver a su Majestad, si su Majestad es visible.

Rey – ¿Visible? ¿Qué tipo de charla es esta? Les pedí a todos los sirvientes que llevan máscaras que hicieran frases cortas para hacerse entender.

Mayordomo – Perdón, su Majestad.

Rey – ¡Visible! ¡Puedes ver claramente que soy visible! ¿Me ves a mí?

Mayordomo – Sí, su Alteza.

Rey – ¡Entonces no soy el hombre invisible!

Mayordomo – No, su Alteza.

Rey – Hablando de ver y no ver, mi buen hombre, ¿sabías tú que mi hija tenía una relación con... este caballero, como tú dices?

Mayordomo – Su Majestad, mi función me lleva a ver muchas cosas, sin necesariamente poder decir que las he visto, a escuchar muchas cosas, sin necesariamente poder decir que las he escuchado, y a saber muchas cosas, sin necesariamente poder decir que las sé.

Rey – Afortunadamente, te pedí que hicieras frases cortas... Bueno, hazlos pasar...

Mayordomo – Muy bien, su Majestad.

El mayordomo sale. La ministra regresa con el líder. El rey se muestra sorprendentemente amable.

Rey – Buenos días, señor, sea bienvenido a nuestro modesto palacio.

Líder – Gracias...

Rey – Pero es perfectamente normal. Está en su casa aquí, porque este palacio es, sobre todo, el palacio del pueblo, ¿no es así, señora ministra?

Ministra – Eh... Sí, en cierta forma.

Rey – Señor, lo escucho...

Líder – Perdón... ¿Sí...?

Rey – ¿Quería preguntarme algo, quizás?

Momento de vacilación.

Ministra – No, su Majestad, nosotros fuimos quienes quisimos ver al señor para...

Rey – Ah, sí, es verdad... Entonces... Dadas las nuevas pruebas a las que nos enfrentamos hoy, yo...

La ministra prefiere tomar la iniciativa.

Ministra – Como sabe, nuestro país atraviesa actualmente una crisis sin precedentes.

Rey – Estamos en guerra... contra un enemigo invisible.

Líder – No exageren demasiado...

Rey – De todos modos, comprenderán fácilmente que ya no es momento para elecciones libres, como yo personalmente me había comprometido.

Ministra – El momento sería más bien de unión sagrada detrás de nuestro soberano y los valientes combatientes de nuestro sistema de salud.

Rey – Sin mencionar los empleados de los servicios de la limpieza... Porque con esta ola de diarrea, las fosas sépticas y los alcantarillados se desbordan.

Ministra – Incluso nos enfrentamos a una escasez de papel higiénico, que solíamos importar del extranjero y que ahora nos falta cruelmente ahora que las fronteras están cerradas.

Rey – En resumen, estamos en la mierda.

Ministra – Si en este caso podemos hablar de manera literal.

Rey – Lamentablemente, parafraseando a un gran estadista, solo puedo prometerles sangre, lágrimas... y sobre todo mierda. Mucha mierda.

Ministra – Por ahora, todos están confinados en sus hogares...

Rey – Diría incluso que todos los habitantes de este país están invitados a quedarse en su trono en sus baños. Lo cual, de cierta manera, iguala a todos estos idiotas con los reyes y sus ministros... Pero también corre el riesgo de provocar un nuevo tipo de desbordamiento, que nos esforzaremos por contener en la medida de lo posible...

Ministra – Por eso le proponemos posponer estas elecciones. Y deseamos conocer su posición sobre este tema. ¿Podemos contar con su apoyo?

Un momento.

Líder – Soy plenamente consciente de la gravedad de esta crisis sin precedentes. Y no me opongo a posponer las elecciones.

Rey – Gracias. Sabía que podía contar con su sentido de responsabilidad y de Estado.

Líder – ¿Qué planea hacer para combatir esta epidemia y vencerla?

Ministra – Nuestros investigadores están trabajando arduamente para encontrar una vacuna. Como líder de la oposición, por supuesto, lo mantendremos informado hora tras hora sobre la evolución de la situación.

Líder – Muy bien. Estoy a su disposición. Si puedo hacer algo por mi país...

Rey – No esperaba menos de usted, querido amigo... Como decía otro gran estadista cuyo nombre también olvidé, no se pregunte qué puede hacer usted por su país, pregúntese qué puede su país hacer por usted

Ministra – Con todo respeto, creo que es más bien al revés, su Majestad.

Rey – Por supuesto... Estimado señor, si tiene algo más que pedirme, como la mano de mi hija, por ejemplo, este es el momento.

Líder – Lo... Lo pensaré, se lo prometo...

El líder se va.

Rey – Joven encantador...

Ministra – De todos modos, ves, nuestro plan funciona a la perfección.

Rey – Esperaba que aprovechara la oportunidad para pedir la mano de la princesa... Hice todo lo posible para ofrecerle discretamente esa oportunidad, pero no quiso aprovecharla.

Ministra – Sí, en efecto, muy discretamente... Y... ¿le importa tanto ese matrimonio?

Rey – ¡Sería un seguro de vida! Es mucho más difícil ejecutar a un dictador cuando se trata de su suegro. Aunque muchos yernos sueñan con poder ejecutar a su suegra...

Salen. La princesa vuelve con el líder.

Princesa – ¡Entonces renuncias a las elecciones! ¡Caes en su trampa!

Líder – Es solo una estratagema para ganar tiempo. De todos modos, es imposible movilizar al pueblo en este momento. Tienen demasiado miedo por su salud y se arrojan a los brazos del tirano al que querían derrocar hace apenas una semana. Lo siento por decírtelo, querida, pero la gente es estúpida...

Princesa – ¿La gente? ¡Estamos hablando del pueblo! ¡Ese pueblo por el que luchamos!

Líder – ¡Pero el pueblo es la gente! Y la gente es estúpida...

Princesa – Tal vez, pero estos estúpidos podrían morir por millones antes de que estos locos furiosos que nos gobiernan decidan sacar una vacuna.

Líder – Tranquilízate, nadie morirá. Al menos no de inmediato.

Princesa – ¿Cómo puedes estar tan seguro?

Líder – Me aseguré de que en lugar de ese peligroso virus, se propagara una versión inofensiva entre la población.

Princesa – ¿Cómo lograste ese milagro? ¿Ahora conviertes el agua en vino? ¿Y sabes cómo hacer que un virus mute y se vuelva benigno?

Líder – Me puse en contacto con los científicos del laboratorio que trabajan en este programa de investigación. Afortunadamente, tenemos simpatizantes en todas partes. Saben que el viento está cambiando y no quieren arriesgarse a ser asociados con un intento de genocidio.

Princesa – ¿Una versión inofensiva? ¿Estás seguro?

Líder – Eso es lo que me aseguraron...

Princesa – Sin embargo, la gente está enferma.

Líder – Solo se trata de un brote de turista. Teníamos que mantener cierta credibilidad para no despertar sospechas de las autoridades.

Princesa – ¿Y ahora qué hacemos?

Líder – Esperamos a que la gente se recupere de su diarrea, se dé cuenta de que esta enfermedad no es grave y movilizamos nuevamente a la población para derrocar al tirano.

Princesa – Esperemos que todo salga según lo planeado... Mientras tanto, mantengámonos discretos. Mi padre debe seguir ignorando nuestra relación.

Líder – Me pregunto si no sospecha algo, al menos un poco...

Princesa – ¿Qué te hace pensar eso?

Líder – No lo sé... Una intuición... Ahora tengo que irme...

Princesa – Ten cuidado...

Se besan. Él se va. La criada llega.

Princesa – Entonces, ¿has podido averiguar algo más?

Criada – Creo que su padre está al tanto.

Princesa – ¿Al tanto?

Criada – Sobre usted y...

Princesa – Dios mío... ¿Cómo se enteró?

Criada – Su ministra está informada de todo por el mayordomo.

Princesa – ¿Y cómo reaccionó mi padre?

Criada – Curiosamente, parece no estar en contra de esta unión.

El mayordomo llega con una expresión conspiradora, interrumpiendo la conversación. Finge ordenar un poco la habitación, pero parece espiar.

Princesa *(a la criada)* – Acompáñame a mis aposentos, por favor... Aquí, las paredes tienen oídos...

La princesa sale con la criada, bajo la mirada sospechosa del mayordomo. Él vuelve a colocar las piezas del juego de ajedrez. El rey regresa.

Mayordomo – Aprovechaba la ausencia de Su Majestad para ordenar un poco...

Rey – Al final, hacemos un poco el mismo trabajo, usted y yo.

Mayordomo – Perdón...

Rey – Yo también trato de poner un poco de orden en este país.

Mayordomo – Claro, Su Alteza.

Rey – A veces me pregunto si no preferiría estar en tu lugar. (*El mayordomo lo mira sorprendido, pero no se atreve a replicar.*) Y usted, valiente hombre... ¿Qué le parecería ser rey?

Mayordomo – Pues, Su Alteza...

El rey le señala el trono.

Rey – Venga, siéntese ahí.

Mayordomo – Pero, Majestad...

Rey – Es una orden. (*Con reticencia, el mayordomo se sienta en el trono.*) Entonces, ¿cuáles son sus impresiones?

Mayordomo – Dios mío... No está muy acolchado.

Rey – ¡Exactamente! ¿Pensaba que era un asiento cómodo? ¡Pues no lo es! Uno termina con dolor de trasero en este trono, ¿lo ve?

Mayordomo – Probablemente sería mejor con un pequeño cojín.

Rey – ¿Desea que le traiga uno para aliviar su trasero, Majestad?

Mayordomo – Bueno... Si no es abusar...

El rey toma un cojín. El mayordomo se levanta un poco y el rey desliza el cojín debajo de sus nalgas.

Rey – ¿Es mejor así?

Mayordomo – Es perfecto.

Rey – Ahora que su Majestad está cómodamente instalada... ¿cómo piensa poner un poco de orden en este país?

Mayordomo – ¿Realmente quiere mi opinión?

Rey – Por favor, su Alteza.

Mayordomo – Creo que deberíamos empezar por ejecutar a la criada.

Rey – ¿En serio? ¿Y por qué?

Mayordomo – ¡Porque es una espía!

Rey – ¿Y para quién trabaja?

Mayordomo – Trabaja para la princesa, quien a su vez, como usted sabe, no tiene secretos para el líder de la oposición, ya que es su amante.

Rey – Ya veo... ¿Y sobre su mayordomo, su Alteza tiene alguna información? ¿No es él también un espía?

Mayordomo – Él también es un espía, en efecto.

Rey – ¿Y para quién trabaja?

Mayordomo – No me diga que lo ignora.

Rey – Lo ignoro.

Mayordomo – Trabaja para la ministra, quien a su vez no tiene secretos para el general, su amante, y ambos están conspirando en secreto contra el rey.

Rey – Entonces, en su opinión, deberíamos ejecutar al mayordomo, a la criada, a la ministra, al general, a mi hija y al líder de la oposición...

Mayordomo – Exactamente.

Rey – ¿Y la reina?

Mayordomo – También a la reina, por supuesto.

Rey – ¿Ella también conspira contra el rey?

Mayordomo – No... Es demasiado idiota para eso...

Rey – ¿Entonces por qué ejecutarla?

Mayordomo – Creo que sería un alivio para todos, ¿no lo cree?

Rey – Gracias por sus consejos, su Majestad... (*Cambiando completamente de actitud*) Y ahora, lárgate antes de que sea yo quien te estrangule con mis propias manos.

El mayordomo vuelve a la realidad y se levanta cuidadosamente del trono para salir.

Mayordomo – ¿Desea su Majestad algo más?

Rey – Vete a colgar...

El mayordomo se va. El rey se coloca frente al tablero de ajedrez y comienza a jugar una partida contra sí mismo.

Rey – Nadie se atreve a enfrentarse a mí... Me veo obligado a jugar solo... (*Mueve una pieza, luego se mueve al otro lado del tablero para mover otra, y así sucesivamente.*) ¡Y ahí está! (*Triunfante*) ¡Jaque mate! El problema de jugar contra uno mismo es que al final nunca se sabe quién realmente ha ganado...

La ministra y el general llegan.

Ministra – Tengo una buena y una mala noticia, su Majestad.

Rey – ¿Podría ahorrarme esas fórmulas gastadas? ¡En fin! Ningún autor se atreve a escribir diálogos así en la actualidad.

Ministra – Disculpe, su Majestad. Era para crear un poco de suspense...

Rey – Bueno... Comience por la mala.

Ministra – Las cosas no están saliendo exactamente como se planeó.

Rey – Bueno, curiosamente, eso no me sorprende... Su plan era tan mediocre. ¿Qué está mal?

General – Parece que el virus ha mutado.

Rey – ¿Y eso es una mala noticia?

General – Significa que la vacuna que hemos desarrollado y que se les administró no es efectiva contra esta nueva forma de virus...

Rey – Bravo... ¿Y cuál es la buena noticia?

General – El nuevo virus es mucho más benigno que el anterior. La gente no muere. Solo tienen algunos problemas intestinales.

Rey – ¿Y eso es una buena noticia?

Ministra – Nadie morirá, pero los efectos psicológicos de esta enfermedad siguen siendo positivos para su Majestad y para el gobierno. La gente sigue confiando en nosotros para poner fin a esta epidemia de "turista", que sigue siendo muy molesta.

Rey – ¿Están dispuestos a aclamar a un dictador solo para que los proteja de una simple diarrea?

Ministra – La gente es paranoica, ¿qué más se puede hacer? Cuanto más les digamos que esta enfermedad es benigna, más pensarán que les ocultamos algo más grave...

Rey – Esto empieza a complicarse un poco...

Ministra – En cualquier caso, por supuesto, tendremos que encontrar rápidamente una nueva vacuna.

Rey – ¿Una nueva vacuna?

Ministra – Como dije, dado que se trata de un nuevo virus, la vacuna anterior ya no es efectiva.

Rey – ¿Entonces corremos el riesgo de contagiarnos nosotros también? Creo que la reina ya está afectada, y yo mismo tengo un poco de malestar estomacal...

General – Nuestros investigadores están trabajando en ello. Mientras tanto, tendremos que tener mucho cuidado...

Rey – Voy a hacer que los ejecuten.

General – Pero entonces no tendrá ninguna posibilidad de encontrar una vacuna.

Rey – Está bien, entonces los haré ejecutar cuando encuentren una vacuna.

Ministra – Aún no está todo perdido, su Majestad, lo aseguro... ¡Escuche! Las manifestaciones han vuelto a las calles.

Rey – ¿Y usted piensa que eso es motivo de alegría?

Ministra – ¡Escuche mejor sus gritos, su Alteza! "¡Larga vida a nuestro amado rey!" "¡Que Dios y nuestro soberano nos protejan!" "¡Papel, por favor!"

Rey – Sí, tiene razón... ¡Es un triunfo! Haré una aparición en el balcón...

General – ¿Está seguro de eso?

El rey sale.

Ministra – ¡Pero qué han hecho, maldita sea!

General – No entiendo... Esto no era lo que se había planeado...

Ministra – Y el rey ahora se cree el papa. Va a aparecer en el balcón para una bendición urbi et orbi. Vamos a ver qué está haciendo...

General – Tiene razón, es mejor vigilarlo. Si además se le ocurre hacer milagros...

Salen. La princesa y el líder regresan.

Princesa – Es increíble. El efecto secundario de este virus parece convertir a todos los súbditos del rey en esclavos consentidos.

Líder – Lamentablemente, es un síndrome bien conocido por los psicólogos.

Princesa – ¿De verdad?

Líder – El síndrome de Estocolmo. Los han mantenido secuestrados en sus hogares y han llegado a amar a sus carceleros.

Princesa – Ya veo... La gente ha tenido tanto miedo que están dispuestos a creer cualquier cosa y a cualquier persona. Y eso los convierte en tontos sin sentido crítico alguno...

Líder – Huxley decía: "La dictadura perfecta sería aquella que tiene las apariencias de la democracia, una prisión sin muros en la que los prisioneros no sueñan con escapar. Un sistema de esclavitud en el cual, gracias al consumo y al entretenimiento, los esclavos amarían su servidumbre".

Princesa – En efecto, es incluso peor que una dictadura militar.

Líder – Porque es mucho más eficaz...

Princesa – Estamos realmente jodidos...

Líder – Bueno, en cierto sentido... votantes crédulos y ciudadanos dóciles, eso es lo que todo político sueña, ¿no?

Princesa – Ni lo pienses siquiera. Si es para convertirte en otro dictador, me niego a ser tu esposa...

Líder – Por supuesto, cariño... Estaba bromeando, obviamente.

La ministra vuelve con el rey.

Ministra – Tal vez no debería haberse mezclado entre la multitud, su Majestad. Le recuerdo que ya no está protegido por la vacuna y esta enfermedad es altamente contagiosa...

Rey – Hace tanto tiempo que no era aclamado con tanta fervor... Deberías haberlo visto, Princesa. ¡Una verdadera ovación!

Princesa – Necesito hablar contigo, padre.

Rey – Te escucho, hija mía. Además, siempre se debería escuchar a los hijos...

Princesa – Tal vez todavía estemos a tiempo de detener todo esto.

Rey – Tienes razón, mi hija. No seré como esos boxeadores viejos que tienen una pelea de más. Ni como esos cantantes agonizantes que nunca terminan de hacer su regreso después de anunciar su despedida del escenario. Prefiero irme en la cima de mi gloria. Es por eso que he decidido abdicar en tu favor.

La princesa, sorprendida, queda sin palabras.

Ministra – No lo escuchen, claramente ha sido contaminado por la estupidez reinante durante su baño de multitudes.

Rey – ¡Silencio! Además, estás despedida.

General – Pero Majestad...

Rey – También usted, General.

Ministra – Le ruego a su Alteza que reflexione antes de...

Rey – Ya lo he reflexionado. Póstrense ambos ante su nueva reina.

La ministra y el general vacilan por un momento antes de considerar más prudente inclinarse.

Ministra – Su Majestad.

General – Su Alteza.

Ministra – A partir de ahora, nos dedicaremos a servirle con la misma lealtad con la que servimos a su padre.

Princesa – Eso es tranquilizador, en efecto. Padre, ¿también tengo el derecho de elegir a mi rey?

Rey – Por supuesto... Ahora eres la reina.

Líder – En ese caso, me corresponde pedir la mano de su hija.

Rey – Te la concedo con gusto.

Princesa – ¿Entonces fue tan sencillo?

Rey – No quiero nada más que la felicidad de mi hija... y de mi pueblo. Vamos, anunciaremos la noticia a tu madre... Síguenos, joven. Ahora eres un poco mi hijo...

El rey, la princesa y el líder salen. La ministra y el general se quedan atónitos por un momento.

Ministra – Creo que la situación se nos está escapando...

General – Nunca creí en esta historia de epidemia.

Ministra – ¡No tienes vergüenza! ¡Fue tu idea!

General – Y ahora, ¿qué hacemos?

Ministra – No lo sé... Siempre he tenido ganas de hacer teatro... Tal vez sea el momento adecuado para cambiar de vida.

General – ¿El momento adecuado? ¡Todos los teatros están cerrados debido a la epidemia!

Ministra – ¡Actuaremos al aire libre! Como Molière en sus inicios. ¡Partiremos de gira! ¡Representaremos en pueblos en tablados improvisados!

General – ¿Nosotros?

Ministra – Dijiste que podrías seguirme hasta el infierno.

General – De ahí a convertirme en saltimbanqui... Y además, tú nunca has hecho teatro, ¡y yo tampoco!

Ministra – Créeme, General, cuando uno ha hecho política, ya es actor.

General – Después de todo, tienes razón.

Ministra – General, cuando los políticos son solo actores, es urgente que los actores hagan política.

Negro

Epílogo

La princesa, ahora reina, está sentada en el trono con una corona en la cabeza. Lee el periódico que titula sobre su próxima coronación y las elecciones en curso: el rey abdica en favor de su hija, finalmente elecciones libres. Agita nerviosamente la campana. El mayordomo llega.

Mayordomo – Su Majestad, ¿qué desea?

Princesa – Esta espera es realmente insoportable. ¿Tenemos noticias de las elecciones?

Mayordomo – Aún no, Alteza. Los resultados definitivos se proclamarán a las ocho en punto.

Princesa – Bien... Y el señor... ¿Ha regresado al palacio?

Mayordomo – Aún no, Alteza.

Princesa – Muy bien... Avíseme tan pronto haya novedades.

Mayordomo – Así lo haré, su Majestad.

El mayordomo se retira. Ella arroja nerviosamente el periódico sobre la mesa y observa el juego de ajedrez por un momento.

Princesa – El juego continúa...

El líder de la oposición llega. Muestra un aire muy ceremonial.

Líder – Buenos días, su Majestad.

Princesa (*impacientemente*) – ¡Ah, por fin! Entonces, ¿qué hay?

Él le besa la mano.

Líder (*sosteniendo el suspenso*) – ¿Entonces, qué, Alteza?

Princesa – No me hagas esperar más... ¿Cuál es el resultado de las elecciones?

Líder (*con una expresión sombría*) – El recuento aún no ha terminado del todo, pero... (*Con una amplia sonrisa*) ¡He sido elegido con una amplia mayoría!

Ella se levanta de su trono y lo besa.

Princesa – ¡Felicidades! ¡Es maravilloso! Para nosotros... Para el país... ¡Hay que celebrarlo!

Ella toma la campana, pero él detiene su movimiento.

Líder – Espera... Siempre he soñado con hacer esto... ¿Puedo?

Princesa – Adelante. Verás, es un poco como una lámpara mágica. Aparece un genio y puedes pedirle lo que quieras. Pero ten cuidado, es muy adictivo. Una vez que comienzas, no puedes dejarlo.

El líder toma la campana y la agita. El mayordomo llega.

Mayordomo – Su Alteza ha hecho sonar...

Princesa – Traigan champán, por favor. ¡Vamos a brindar por nuestra victoria!

Mayordomo – Enseguida, su Majestad.

Princesa – Entonces, amigo mío, también debes estar feliz, ¿no es así? Esta victoria es primero del pueblo, por lo tanto, también es tuya.

Mayordomo – Por supuesto, Alteza... Felicitaciones, señor.

Líder – Gracias, valiente.

El mayordomo se retira.

Líder – Tal vez deberíamos haberle ofrecido brindar con nosotros...

Princesa – Ah sí, es verdad, no lo había pensado...

Líder – Bueno, al mismo tiempo... podría ponerlo incómodo.

Princesa – Sí, seguramente...

Líder – De todas formas, sigue siendo la victoria del pueblo...

Princesa – Por supuesto... (*Sonrisas un poco incómodas*) Así que voy a tener que nombrarte Primer Ministro.

Él la besa.

Líder – Pero seguirás siendo mi reina, de por vida.

Princesa – No me veo como la reina de Inglaterra. Tal vez debamos considerar abolir la monarquía algún día.

Líder – Al mismo tiempo, ¿por qué apresurarse? El pueblo parece haberse acostumbrado a la realeza. Y están ansiosos por nuestra boda.

Princesa – Tienes razón. Hemos reabierto las oficinas y las fábricas, pero todos los teatros siguen cerrados. Una boda real los distraerá un poco. ¿Y la epidemia?

Líder – Nuestros médicos finalmente lograron controlarla. Pero aún no han encontrado la cura para esos problemas intestinales que, aunque sean leves, siguen siendo muy molestos...

Princesa – Nuestras fronteras están cerradas por temor a la contagio. Ya no viene ningún turista de vacaciones a nuestro país, y ninguno de nuestros ciudadanos puede ir de vacaciones al extranjero.

Líder – ¿Para qué ir al otro lado del mundo a países exóticos si puedes tener turista sin salir de casa?

Princesa – Esperemos que tu gobierno encuentre una solución rápida para restaurar la normalidad en cuanto al tránsito internacional e intestinal.

Líder – Ya que mencionas la composición del nuevo gobierno... ¿qué hacemos con la ministra y el general?

Princesa – Mi padre exigía sus cabezas, pero he conmutado su pena por el destierro... Se les prohíbe la entrada a la capital. Así que están haciendo una gira por provincias.

Líder – ¿Una gira?

Princesa – Han formado una compañía de teatro itinerante, al parecer.

Líder – Les vendrá bien tomar aire fresco. Y además, el teatro en nuestro país ya empezaba a oler un poco a cerrado, ¿no crees?

Princesa – Hablando de olores, aquí también tendremos que ventilar un poco.

Líder – ¿Ah sí?

Princesa – Huele a mierda, ¿no?

Líder – No lo sé... De hecho, desde hace algún tiempo, ya no siento nada...

Princesa – Otro efecto secundario de esta enfermedad: no solo la gente ha perdido todo sentido crítico, sino también el sentido del olfato. Ni siquiera huelen la mierda en la que están.

Líder – Es casi un milagro... Será aún más fácil gobernarlos.

Princesa – Y en cuanto a nuestro stock estratégico de papel higiénico, ¿en qué situación estamos?

Líder – El ejército ha requisado el papel periódico para convertirlo en papel higiénico. ¡Adiós a las malas noticias! No estarás leyendo la prensa en mucho tiempo.

Princesa – ¿No es un poco peligroso para la libertad de expresión y, por lo tanto, para la democracia?

Líder – Sin periódicos, no hay comentarios desagradables sobre la acción del gobierno... El período de gracia se prolongará aún más.

Princesa – Sí... Pero este es el primer paso hacia una nueva dictadura... Ten cuidado, mi padre también tenía algunos ideales al principio...

Líder – Todo esto es solo temporal, querida, pero... es evidente que habrá un antes y un después. Y en el mundo posterior, no viviremos exactamente igual que antes...

Princesa – Cuando dices "nosotros", supongo que te refieres al pueblo, porque para nosotros... todo continuará como antes, ¿no?

Líder – Por supuesto...

La reina madre llega.

Reina – Querida, ¿no has olvidado que te estoy esperando para ir a elegir tu vestido de novia en Londres? Nuestro jet nos espera...

Princesa – Por supuesto, madre, estoy lista.

Líder – ¿Debería acompañarlas?

Reina – Bueno, mi querido, sabes que el novio no debe ver el vestido antes de la ceremonia.

Líder – En ese caso, los dejaré... Descorcharemos el champán más tarde. Buen día, señoras. Nos vemos esta noche, querida...

Él la besa y se va.

Reina – Es realmente encantador... Y pensar que al principio, tu padre lo consideraba un izquierdista horrible...

La madre y la hija también se preparan para irse.

Princesa – Hablando de mi padre, ¿cómo está él?

Reina – Dios mío... Me temo que todavía no está completamente fuera de peligro...

Princesa – ¿Y dónde está entonces?

Reina – Como todos los ciudadanos de este reino, querida... ¡En su trono!

Salen. La criada entra y comienza a ordenar un poco en la sala del trono. El mayordomo entra con una bandeja, llevando una botella de champán y dos copas. Al ver que todos los demás se han ido, le ofrece una copa a la criada.

Mayordomo – ¡La señora está servida!

Criada – Gracias, mi amigo. Entonces, ¿también hacemos las paces nosotros?

Brindan.

Mayordomo – ¡Por el regreso de la democracia a nuestro querido país!

Criada – Digamos mejor por el regreso de las elecciones, al menos.

Mayordomo – Tienes razón, no siempre es exactamente lo mismo.

Criada – Las elecciones son para la democracia lo que el viaje de bodas es para un matrimonio de conveniencia... Una semana regalada en un palacio tropical, a cambio de una vida a crédito en un apartamento de las afueras.

Se sirven de nuevo y beben.

Mayordomo – Si al menos pudiéramos ir al teatro. ¿Te das cuenta? Han cerrado los teatros...

Criada – Al mismo tiempo, el teatro era tan aburrido.

Mayordomo – Es cierto. Se había convertido en un teatro de cortesanos. Nadie se dará cuenta de su desaparición.

Criada – Molière arriesgaba su vida en cada estreno de sus obras. ¿Qué riesgos corremos hoy en día en el teatro?

Mayordomo – Aparte de pillar la diarrea.

Criada – Lo único que temen estos payasos es perder sus subvenciones.

Mayordomo – Es triste decirlo, pero es un hecho. Es un servicio que debemos hacer a ese tipo de teatro al prohibirlo.

Mayordomo – Cuando los teatros subvencionados se transmiten de padre a hijo como si fueran cargos de notarios, es hora de cortarles los fondos.

Criada – ¡Eliminemos las subvenciones!

Mayordomo – ¡A bajo el teatro subvencionado!

Silencio. Posibles reacciones de la audiencia.

Criada – Espero que no haya directores de teatro en la sala, porque tengo la sensación de que nos van a guillotinar a nosotros...

Mayordomo – Lo dudo que no haya, solo ellos van al teatro en estos días. ¿Desea que le sirva un poco más de champán?

Criada – Con gusto.

Beben de nuevo. Silencio. Poco a poco vuelven a la realidad.

Criada – Mientras tanto, tendremos que ordenar todo esto...

Mayordomo – En la ciudad y en el escenario, sin importar el resultado de las elecciones, los jefes cambian, pero nosotros seguimos siendo sus sirvientes.

Criada – En fin... Tenemos al menos cinco minutos entre dos dictaduras.

Mayordomo – ¿Una partida rápida?

Se sientan cada uno a un lado del tablero de ajedrez. Ella toma un peón en cada mano y le tiende los puños cerrados.

Criada – ¡Vamos! ¡Elige tu bando!

Negro.

Fin.

Este texto está protegido por las leyes
relativas al derecho de propiedad intelectual.
Toda copia es susceptible de una condena,
hasta de 300 000 euros y 3 años de prisión.

Novembro de 2023